**Francis Heaney &
Conceptis Puzzles**

SNAKES
ON A SUDOKU

D0293064

Sterling Publishing Co., Inc.
New York

2 4 6 8 10 9 7 5 3 1

Published by Sterling Publishing Co., Inc.
387 Park Avenue South, New York, NY 10016
© 2006 by Francis Heaney and Sterling Publishing Co., Inc.
© MMVI New Line Productions, Inc. All Rights Reserved.
SNAKES ON A PLANE and all related characters, names and indicia are
trademarks of New Line Production, Inc. (06). All Rights Reserved.
Distributed in Canada by Sterling Publishing
$^{c}/o$ Canadian Manda Group, 165 Dufferin Street
Toronto, Ontario, Canada M6K 3H6
Distributed in the United Kingdom by GMC Distribution Services
Castle Place, 166 High Street, Lewes, East Sussex, England BN7 1XU
Distributed in Australia by Capricorn Link (Australia) Pty. Ltd.
P.O. Box 704, Windsor, NSW 2756, Australia

Sterling ISBN-13: 978-1-4027-4343-6
ISBN-10: 1-4027-4343-2

For information about custom editions, special sales, premium and
corporate purchases, please contact Sterling Special Sales
Department at 800-805-5489 or specialsales@sterlingpub.com.

CONTENTS

INTRODUCTION

HOW TO SOLVE SUDOKU PUZZLES

Unless you're a snake who's been living under a rock for the past year, you probably already know how sudoku puzzles work. To solve sudoku puzzles, all you need to know is this one simple rule:

Fill in the boxes so that the nine rows, the nine columns, and the nine 3×3 sections all contain every digit from 1 to 9.

And that's all there is to it! Here is a sample puzzle and its solution:

		2	3		6	9		
6			5			8		
9	2	3	8			5		
					4	3	6
1								2
7	4	5						
		4		7	2	6	8
		1		2			4
	7	2		6	9		

4	5	8	2	3	1	6	9	7
6	1	7	5	9	4	8	2	3
9	2	3	8	7	6	5	4	1
2	8	9	7	1	5	4	3	6
1	3	6	9	4	8	7	5	2
7	4	5	6	2	3	1	8	9
3	9	4	1	5	7	2	6	8
5	6	1	3	8	2	9	7	4
8	7	2	4	6	9	3	1	5

HOW TO SOLVE THE PUZZLES IN THIS BOOK

The 170 sudoku puzzles that follow work just like regular sudoku puzzles, except that the 3×3 squares have been replaced with snakes! Snaaaaaakes! Here's a sample grid so you can see what we mean. (The snakes are indicated by bold lines.)

	3						7	
2	1						3	6
		9	7		5	6		
		5				4		
				1				
		1				9		
		8	5		2	3		
6	5						8	4
	4						9	

Each row, column, and snake contains the numbers from 1 through 9 exactly once. (The solution to the example appears at the bottom of the page.) Some puzzles have one snake slithering along one of the long diagonals; in those puzzles, we've shaded in the diagonal snake to make it easier to see. Remember that even though the diagonal snake's boxes may not look connected, that snake still contains the numbers from 1 through 9 exactly once each.

Puzzles 1 to 51 are easy; puzzles 52 to 102 are medium; puzzles 103 to 153 are hard; and puzzles 154 to 170 are very hard. Good luck, and good solving!

P.S. As far as we know, it is legal to bring this book on a plane.

1	3	6	2	4	9	8	7	5
2	1	4	9	7	8	5	3	6
4	2	9	7	8	5	6	1	3
9	7	5	8	3	1	4	6	2
3	8	7	6	1	4	2	5	9
8	6	1	4	5	3	9	2	7
7	9	8	5	6	2	3	4	1
6	5	2	3	9	7	1	8	4
5	4	3	1	2	6	7	9	8

6 ◎ Snakes on a Sudoku

PUZZLES

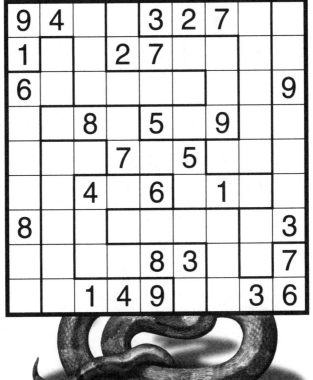

9	4			3	2	7		
1			2	7				
6								9
		8		5		9		
			7		5			
		4		6		1		
8								3
				8	3			7
		1	4	9			3	6

		5				6		
	6		3		9		8	
3								2
	7		4		1		2	
				8				
	2		6		5		3	
4								7
	5		8		7		6	
		6				9		

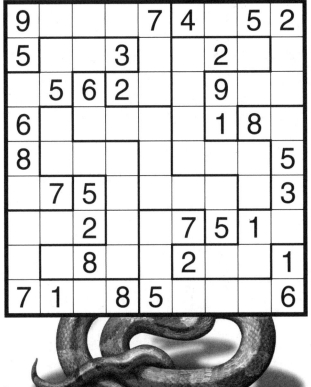

9				7	4		5	2
5			3			2		
	5	6	2			9		
6						1	8	
8								5
	7	5						3
		2			7	5	1	
		8			2			1
7	1		8	5				6

	1		4	8	5		9	
4		9				2		1
	9	5				4	7	
5								9
1								8
3								2
	8	6				7	5	
7		1				6		4
	4		9	6	7		8	

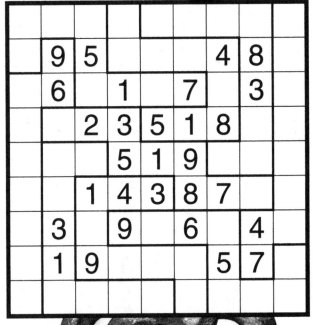

	9	5				4	8	
	6		1		7		3	
		2	3	5	1	8		
			5	1	9			
		1	4	3	8	7		
	3		9		6		4	
	1	9				5	7	

1			3		4			9
		5	6	3	8	1		
	2						1	
2	1						7	8
	7						3	
4	8						6	3
	4						5	
		4	8	7	1	2		
5			1		2			7

		6	5			3		
	2			4			1	
2					1			7
		5						3
	8			1			3	
8						2		
1			9					2
	3			2			9	
		9			6	1		

	6	4	1	8	2			
8		2		4		7		
2	3	9		6	1	4		
5			7			2		
1	9	7		2	5	6		
9		8		1		5		
	2	5	6	7	8			

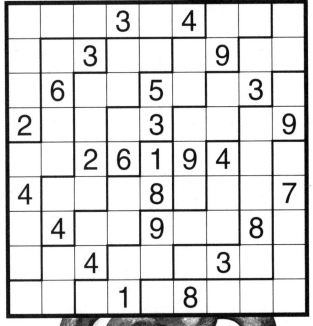

			3		4			
		3				9		
	6			5			3	
2				3				9
		2	6	1	9	4		
4				8				7
	4			9			8	
		4				3		
			1		8			

			4			2		
		9	1			5		
9	2			5			7	
			6		7		3	1
		1		7		8		
4	6		5		9			
	4			8			5	2
		2			6	9		
		8			3			

	1		4		6		8	
6		5		7		8		1
	9						3	
5								4
	5						4	
3								9
	8						7	
8		1		3		5		2
	3		6		5		2	

8			1			5		4	3
						6		9	
3		7		1		5			
2			3		7				
				2					
			8		1				2
		6		5		1			4
	9		6						
5	1		2			8			7

3	7				5		8	6
	3		4	9				1
	8		6				4	
							7	
	4	1				8	9	
	2							
	1				9		3	
7				4	6		2	
4	9		8				5	7

5			3		2			7
		7	9		5	1		
	7						6	
	8		4		7		9	
				2				
	3		8		4		5	
	9						2	
		1	5		8	9		
3			2		6			1

		1	3	9		7	4	
5								
3					4			6
		6						3
1				2				9
9						6		
7			8					2
								7
	5	2		3	9	1		

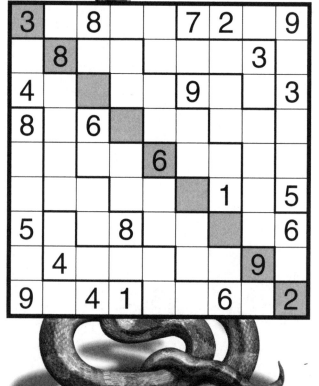

3		8			7	2		9
	8						3	
4				9				3
8		6						
			6					
					1			5
5			8					6
	4						9	
9		4	1			6		2

						2	8	
6			2	3				
5				7				
			1		6		5	
	3	5		9		7	1	
	4		7		3			
				8				7
				6	4			2
	5	7						

	8		9		4		3	
6								5
				6				
1			5		2			3
		6		4		1		
7			6		1			2
				2				
3								7
	2		7		5		1	

		5	3		4	7		
6		9	8		1	5		4
2		3				1		9
			3					
5		8				3		7
7		2	9		3	6		1
		4	6		8	9		

		3		5		1		
	3				9			
5								3
				7			2	
6			3	9	1			8
	5			8				
9								7
			1				8	
		6		2		3		

				9		3	8	
6	1		7				4	
2		3			8	7		
		6					5	
7				5				9
	7					1		
		8	1			2		3
	8				9		7	1
	6	2		1				

	6						9	
2			4		9			8
			9		6			
	8	5				9	4	
				2				
	1	9				8	2	
			2		8			
3			7		4			2
	3						7	

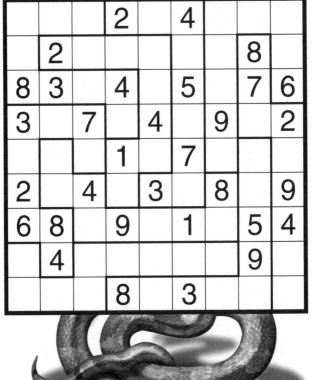

			2		4			
	2						8	
8	3		4		5		7	6
3		7		4		9		2
			1		7			
2		4		3		8		9
6	8		9		1		5	4
	4						9	
			8		3			

1	8	5						2
				4				5
		8				3		7
			6		5			
	9						4	
			5		9			
6		1				5		
4				5				
3						9	8	1

	5							
	8			7	5		4	1
		7	4			9		
	3			5		8		
	9						6	
		3		1			5	
		5			2	1		
5	7		1	3			9	
							2	

	3	7						
			5		6	2		7
	6				4			9
	5	2					1	
	1					8	4	
8			3				6	
6		1	7		2			
						6	2	

	5						7	
		4		9		3		
9								2
			6	7	1			
	3		7		2		4	
			9	4	5			
7								1
		2		5		8		
	2						6	

4								6
		2				5		
	1	5		9		2	8	
			2		4			
		9		7		4		
			6		8			
	5	7		8		6	1	
		3				9		
6								2

5	2	8						3
		7						2
				3	8		2	1
		3		8				
		4	3		9	2		
				5		1		
3	9		5	7				
9						4		
8					5	6	9

		4	2	5	9	3		
2			1		8			5
9		2				5		7
6								4
1		6				7		2
3			9		7			8
		8	4	3	1	9		

	3	7	5	6				
	6			9		8	7	5
	8							4
								2
5	1						3	9
7								
3							6	
9	4	8		5			2	
				2	8	4	9	

7	4						5	9
6								2
		3	5		8	6		
		9				2		
		7				3		
		8	6		9	4		
1								4
8	3						7	5

		7					
4		8	1			5		3
	8		6				4	
						6	5	1
			2					
8	9	5						
	4			8			2	
2		9		7	8			5
			1					

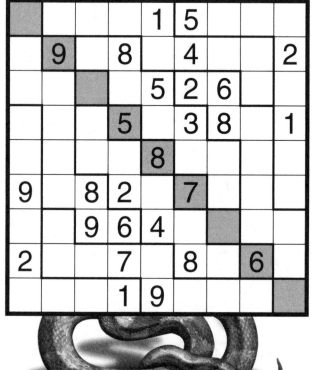

				1	5			
	9		8		4			2
				5	2	6		
			5		3	8		1
				8				
9		8	2		7			
		9	6	4				
2			7		8		6	
			1	9				

		1		7		4		
	4						6	
2			4		5			6
		3		6		5		
6			3	1	8			9
		2		5		9		
3			9		7			2
	2						3	
		9		8		6		

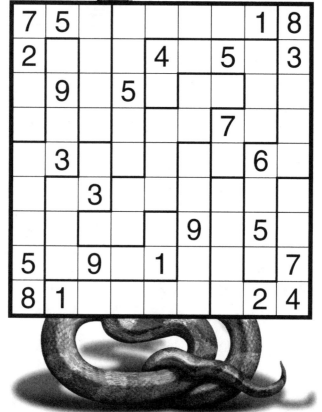

7	5						1	8
2				4		5		3
	9		5					
						7		
	3						6	
		3						
					9		5	
5		9		1				7
8	1						2	4

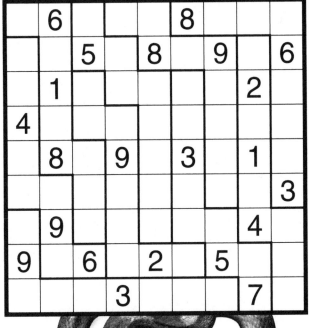

	6				8			
		5		8		9		6
	1						2	
4								
	8		9		3		1	
								3
	9						4	
9		6		2		5		
			3				7	

5			9		6			1
		9				8		
	8			7			9	
2				6				9
		6	2	3	4	9		
8				2				7
	9			1			3	
		1				7		
4			1		8			6

		4				3		
	6		7		9		2	
7			3		5			4
	4	9				5	3	
	1	8				7	6	
4			5		2			6
	5		4		1		7	
		7				8		

			7	5	6			
	4	5	1		3	6	8	
	1						7	
3	9						6	8
9				7				5
1	7						5	4
	5						2	
	2	3	5		7	9	1	
			2	6	8			

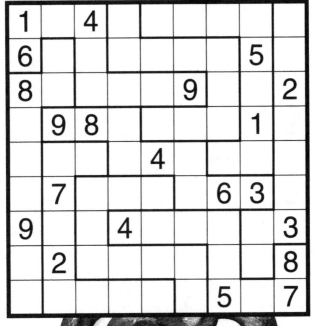

			2		8			
		8				5		
	2			9			1	
9			7		6			4
		9		8		3		
5			1		2			7
	1			6			5	
		5				8		
			8		9			

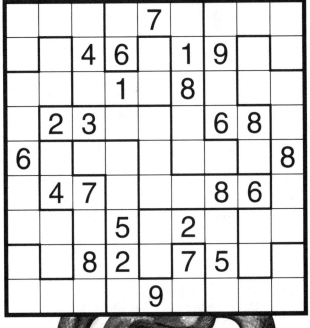

				7				
		4	6		1	9		
			1		8			
	2	3				6	8	
6								8
	4	7				8	6	
			5		2			
		8	2		7	5		
				9				

		9			6			3
2	7		8	4		1	3	
		8			5			4
8	5		7	1		6	9	
		2			3			7
4	6		9	3		2	7	

				1		3	6	
			7			9		4
		3			6		2	1
	3					4		
6								7
		5					1	
3	5		6			1		
2		9			4			
	1	8		3				

			4		6			
	2						8	
		2				5		
9			3		1			8
				9				
3			2		5			6
		4				7		
	6						3	
			5		4			

		7	5			6	9	
5	8		9				1	
3		8				4		2
							2	5
1	7							
6		1				7		9
	2				5		7	6
	9	5			1	2		

			7		6			
				5				
		7	8		2	9		
8		5				3		1
	9						4	
1		6				4		9
		8	9		7	6		
				2				
			1		4			

7	3			4	6		9	5
3					8			7
1	4							
2				5				1
							1	2
9			1					8
5	7		4	6			8	9

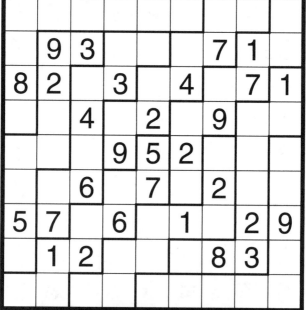

	9	3				7	1	
8	2		3		4		7	1
		4		2		9		
		9	5	2				
	6			7		2		
5	7		6		1		2	9
	1	2				8	3	

				9	1			7
		1		3				
8					5		4	
						4	5	
		6	7		9	5		
	9	2						
	6		2			3		1
				1		3		
5			9	4				

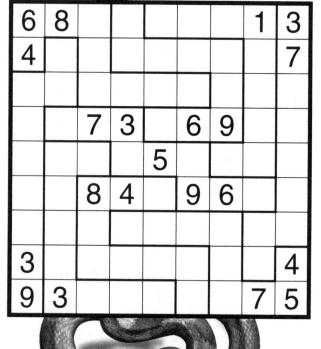

6	8						1	3
4								7
		7	3		6	9		
				5				
		8	4		9	6		
3								4
9	3						7	5

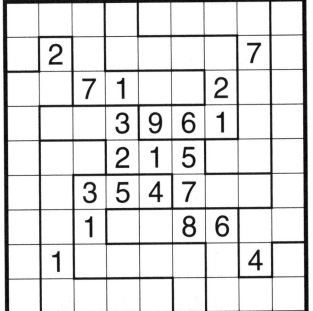

	2		3		9	8	1	
	7	1				6		
	3						5	
			7					
	4						3	
		2				5	4	
	8	3	1		6		7	

			5			4		
		5						
2				8			9	
			4		6			7
		8				6		
9			8		3			
	3			6				4
						3		
		7			1			

	6						3	
2								4
			5	9	8			
		5				3		
		7		4		2		
		8				9		
		3	6	2				
4								5
	8						4	

		4				9		
	4						1	
4			3		1			2
		3				6		
				2				
		6				8		
3			7		4			8
	9						7	
		2				5		

			3					
		4		3				
			7	1				
	1	6					7	
9		2				4		3
	9					7	5	
			9	5				
			3		2			
			2					

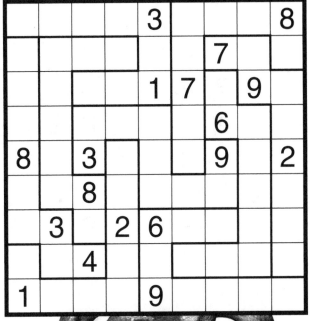

				3				8
						7		
				1	7		9	
						6		
8		3				9		2
		8						
	3		2	6				
		4						
1				9				

			6		3			
		7	4		6	3		
	7	1		5		8	2	
			2		7			
2	8			4		1	3	
		4	8		1	6		
			5		2			

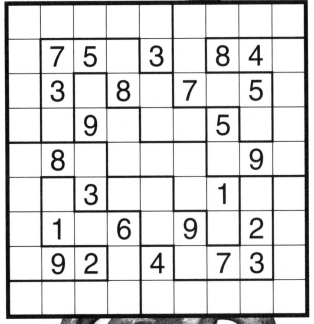

	7	5		3		8	4	
	3		8		7		5	
		9				5		
	8							9
		3				1		
	1		6		9		2	
	9	2		4			7	3

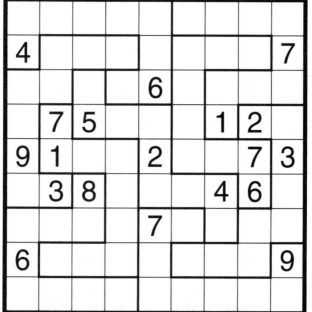

4								7
				6				
	7	5				1	2	
9	1			2			7	3
	3	8				4	6	
			7					
6								9

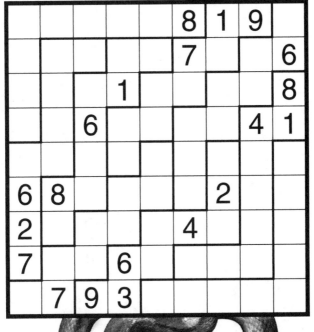

					8	1	9	
					7			6
			1					8
		6					4	1
6	8					2		
2					4			
7			6					
	7	9	3					

		2	4		7	3		
	1	6				7	9	
	5						2	
	7							8
	6	5					9	3
		8	1		5	4		

						2	1	5
		9					3	
	2			3				
				8			9	
				1				
	3			6				
				4			6	
	5					8		
3	9	7						

			7		2			
		8				6		
	1	5				3	6	
8								4
				9				
5								9
	2	4				5	7	
		2				1		
			1		5			

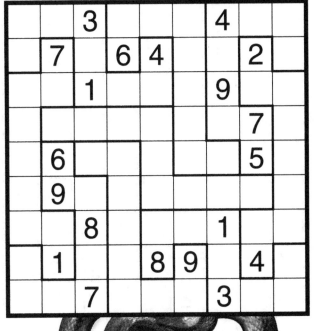

		3					4	
	7		6	4			2	
		1				9		
							7	
	6						5	
	9							
		8				1		
	1			8	9		4	
		7				3		

		8			4			
	3	1		7			5	9
		7						
9								
				2				
								3
						5		
7	8			5		9	6	
			2			4		

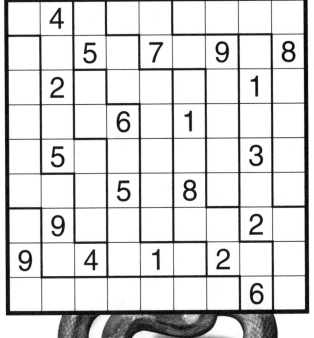

	4							
		5		7		9		8
	2						1	
			6		1			
	5						3	
			5		8			
	9						2	
9		4		1		2		
							6	

		9	4		2	3		
8								
4								
		7		6			4	
9			5				6	
6		2		3				
							1	
							2	
	7	2		6	1			

		6				1		
		9				2		
7	3			1			8	6
		1				7		
9	7			3			4	8
		2				9		
		3				8		

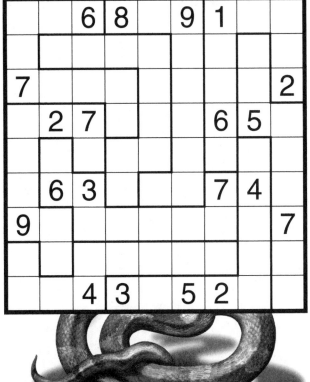

		6	8		9	1		
7								2
	2	7				6	5	
	6	3				7	4	
9								7
		4	3		5	2		

			5		1			
		5		4		1		
	7		1		4		2	
		7		9		8		
	1		3		6		7	
		2		8		4		
			4		9			

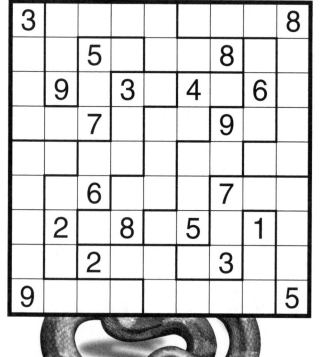

3								8
		5				8		
	9		3		4		6	
		7				9		
		6				7		
	2		8		5		1	
		2				3		
9								5

			5	3				
		8	4			3		
				8		4		1
6								5
5		1		9				
		5			2	7		
				7	9			

	9						3	
5				2				1
			1		3			
		5				7		
	1			5			4	
		3				5		
			9		7			
3				4				6
	4						6	

	1		7		4	6		
	4					3		5
						9		
			2		9			
		6						
8		7					9	
		8	3		2		7	

			2				6	
8	2	3	7				1	
							7	
							2	4
7	9							
	6							
	5				8	2	3	9
	7				2			

Puzzle 81

	4						7	
1		3				9		6
	1						2	
			2					
		9		8				
			8					
	2						4	
3		1				7		8
	6						9	

			2		3			
6								1
7				4				6
3								8
		1				5		
8								2
1				3				4
9								5
			8		6			

		7				8		
3	9						1	2
4								6
			3					
			5					
			4					
1								4
6	8						9	5
		9				2		

6		8			9		7	
						4		8
3				7			5	
								1
		9				3		
7								
	2			6				5
5		3						
	6		3			1		7

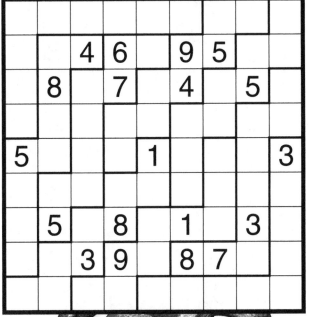

		4	6		9	5		
	8		7		4		5	
5				1				3
	5		8		1		3	
		3	9		8	7		

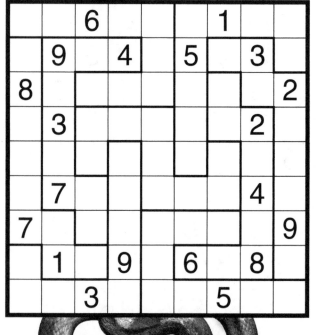

		6				1		
	9		4		5		3	
8								2
	3						2	
	7						4	
7								9
	1		9		6		8	
		3			5			

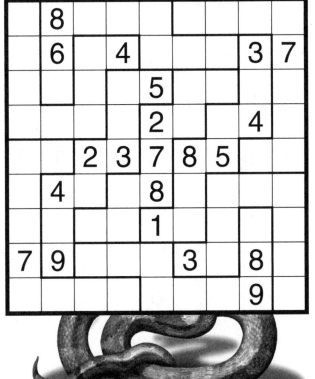

				1				
	4			2			5	
	1						8	
				7				
6	5		9	3	4		1	2
				9				
	7						4	
	8			5			3	
				8				

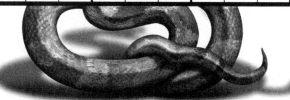

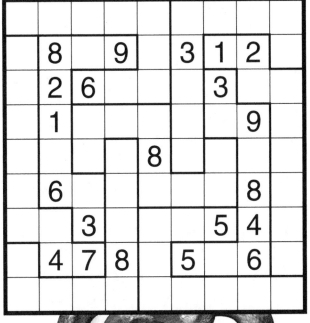

	8		9		3	1	2	
	2	6					3	
	1							9
				8				
	6							8
		3					5	4
	4	7	8		5			6

	8	2						
			4					3
					6			9
		5					4	
			5	1	4			
	9					1		
1			3					
5					8			
						5	8	

	5						9	
2								8
3			9		2			7
		2				1		
		5				7		
4			6		5			3
5								9
	7						5	

						8		
7		2	5		6	4		
		9		3		7		
			4		8			
		8		2		5		
		6	8		3	1		4
		4						

9	3						5	7
1								6
			7		2			
		6				7		
		4				1		
			5		8			
4								1
8	9						4	3

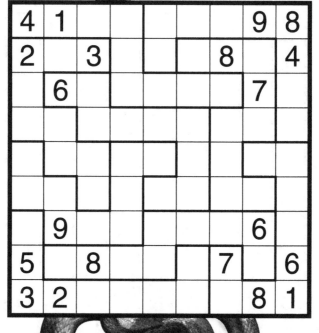

4	1						9	8
2		3				8		4
	6						7	
	9						6	
5		8				7		6
3	2						8	1

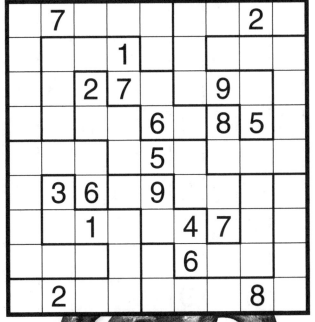

	7							2
			1					
		2	7			9		
				6			8	5
				5				
	3	6		9				
		1			4	7		
					6			
	2						8	

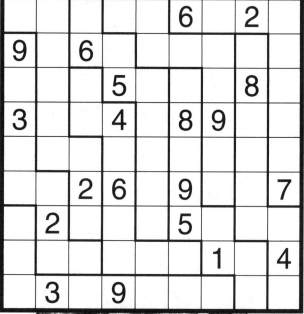

					6		2	
9		6						
			5				8	
3			4		8	9		
		2	6		9			7
	2				5			
						1		4
	3		9					

	8	1	5					
			9					
		7			3		8	
6		4		8		7		9
	7		3			2		
					6			
					1	3	9	

				5		6	1	
6					1	2		
3	9							
	6							
7								6
							9	
							7	2
		9	4					3
	3	6		8				

							3	
		6						8
	5		2			7		
		2	7	1				
			4		2			
				8	6	4		
		1			8		4	
7						5		
	9							

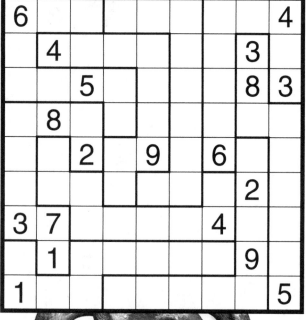

6								4
	4						3	
		5					8	3
	8							
		2		9		6		
							2	
3	7					4		
	1						9	
1								5

	8			5				
			3					6
		5		8		7		
							9	
1		6				2		5
	2							
		4		6		1		
8					2			
				4			6	

1			7		4			3
3	7	8				1	6	2
2	8	1				6	5	4
4			9		1			8

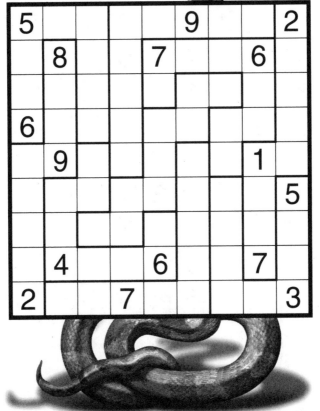

5					9			2
	8			7			6	
6								
	9						1	
								5
	4			6			7	
2			7					3

		4			8	5		
					5			
			1					
1	2			4		9		
				7				
		6		3			7	5
					7			
			9					
		9	6			1		

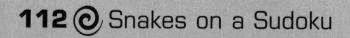

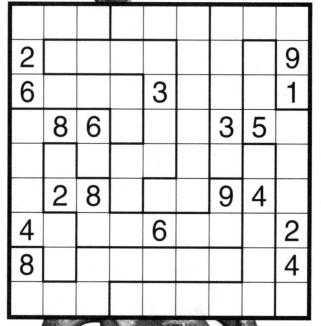

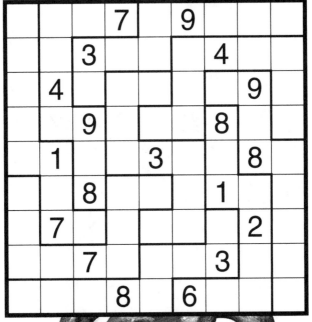

			7		9			
		3				4		
	4							9
		9				8		
	1			3				8
		8				1		
	7						2	
		7				3		
			8		6			

			7		1			
			2					
		7					1	
6			3		5		7	2
				6				
1	2		8		9			5
		1				8		
					4			
			5		6			

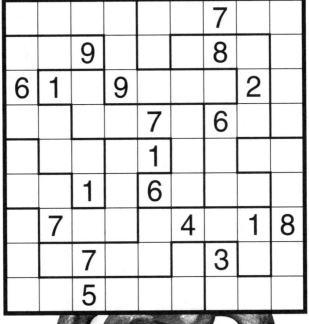

						7		
		9				8		
6	1		9				2	
				7		6		
				1				
		1		6				
	7				4		1	8
		7				3		
		5						

8		1				2		7
4			3					6
							5	
	5							
7				8				9
2		3				6		1

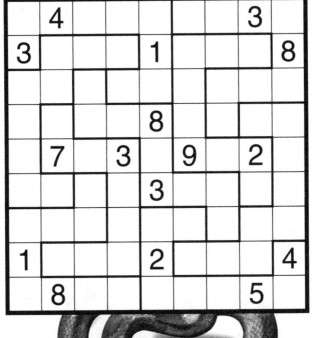

	4						3	
3				1				8
				8				
	7		3		9		2	
				3				
1				2				4
	8						5	

6		4			7			1
				2				4
8		6						
						1		6
3			8					
9			6			4		2

			6				9	
9		1						
		7				3	8	
								1
				5				
6								
	7	6				2		
						8		5
	3				7			

	7						8	
9								6
		6		2		5		
		8				2		
		2		6		7		
1								4
	5						1	

	7		2		5		9	
3								8
1								9
				4				
2								4
9								1
	4		8		7		2	

		1				6		
	6	8				2	4	
			5		4			
				5				
			9		3			
	2	4				8	5	
		9				5		

		7	4		1	8		
	1						5	
5								9
8								2
1								6
2								4
	3						1	
		4	9		2	6		

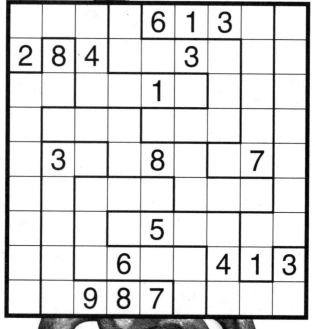

				6	1	3		
2	8	4			3			
				1				
	3			8			7	
				5				
		6				4	1	3
		9	8	7				

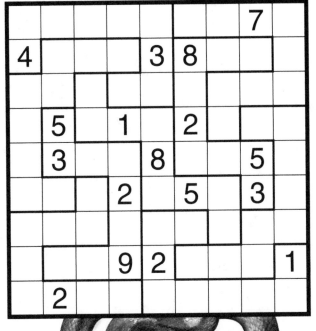

								7
4				3	8			
	5		1		2			
	3			8			5	
			2		5		3	
			9	2				1
	2							

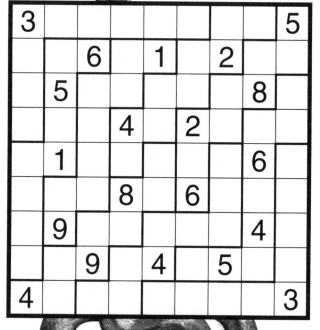

3								5
		6		1		2		
	5						8	
			4		2			
	1						6	
			8		6			
	9						4	
		9		4		5		
4								3

	2	8				6	5	
3	4						7	1
1								7
				8				
8								9
5	9						2	6
	7	6				8	3	

		5		7				
					8			
3		7						
					4		3	
6				8				4
	6		3					
						9		1
			4					
				5		2		

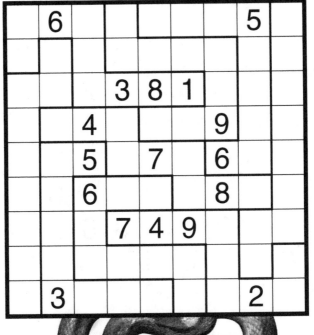

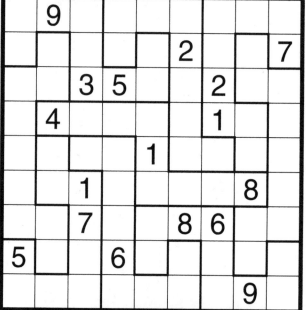

	9							
					2			7
		3	5			2		
	4					1		
				1				
		1					8	
		7			8	6		
5			6					
							9	

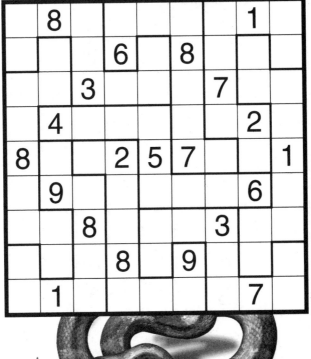

	8						1	
			6		8			
		3				7		
	4						2	
8			2	5	7			1
	9						6	
		8				3		
			8		9			
	1						7	

		7				3		
		1				9		
1	3	5				8	9	4
				7				
9	4	2				7	3	5
		4				1		
		3				5		

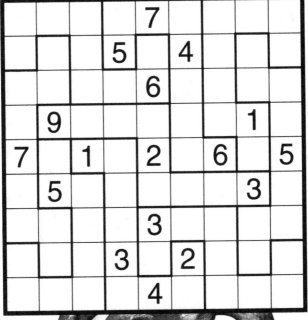

				7				
			5		4			
				6				
	9						1	
7		1		2		6		5
	5						3	
				3				
			3		2			
				4				

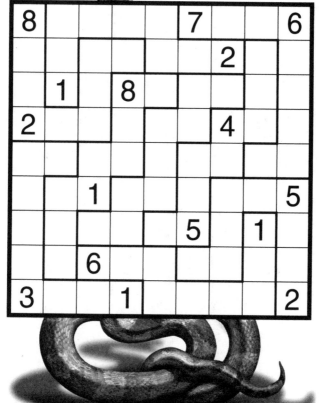

8					7			6
						2		
	1		8					
2						4		
		1						5
				5			1	
		6						
3			1					2

	7		6					
			7					4
		9				7		
							9	7
1	3							
		5				8		
2					8			
					3		2	

			2				6	
	3							1
						9		
8				6				
			9		1			
				7				3
		6						
9							4	
	2				5			

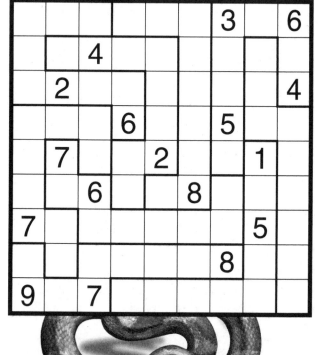

						3		6
		4						
	2							4
			6			5		
	7			2			1	
		6			8			
7							5	
						8		
9		7						

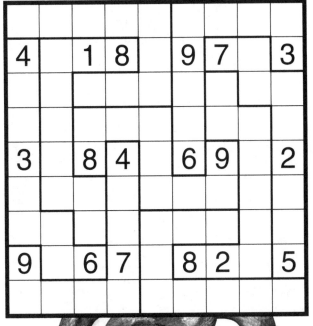

4		1	8		9	7		3
3		8	4		6	9		2
9		6	7		8	2		5

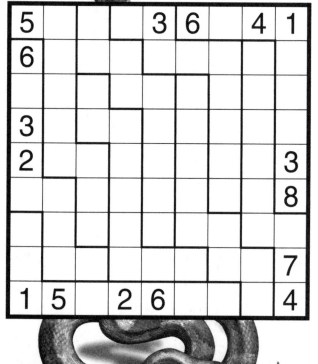

5				3	6		4	1
6								
3								
2								3
								8
								7
1	5		2	6				4

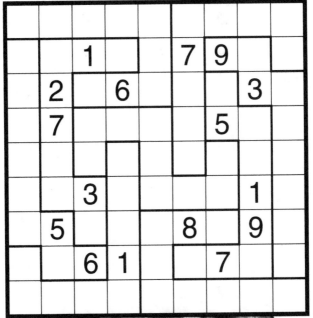

		1			7	9		
	2		6				3	
	7					5		
		3					1	
	5				8		9	
		6	1			7		

		4				3		
		8				2		
1	9						2	3
5	7						8	1
		5				6		
		7				8		

 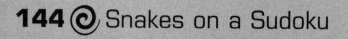

		9	4	2				
				7				6
		7		9				8
8		1			4			2
2		9		6				
3			8					
			6	2	5			

		5				9		
	9						8	
3								6
			9		2			
				2				
			1		3			
6								1
	5						4	
		7				6		

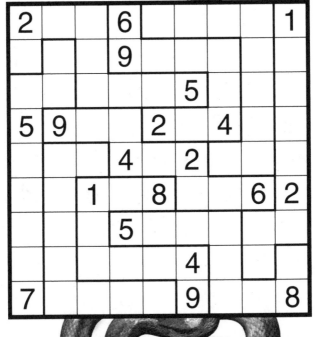

2			6					1
			9					
					5			
5	9			2		4		
			4		2			
		1		8			6	2
			5					
					4			
7					9			8

			1		7			
			4		6			
2		5		9		1		6
			9	4	2			
9		2		8		6		4
			6		5			
			2		8			

148 ⊙ Snakes on a Sudoku

		9	3	4			1	5
		5						1
		1						
3		1		7		2		9
					7			
1						6		
7	1			8	6	4		

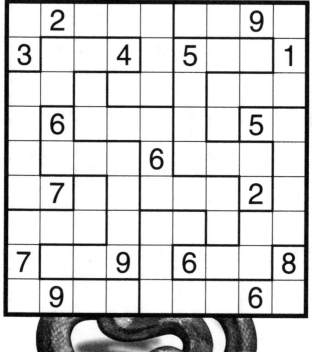

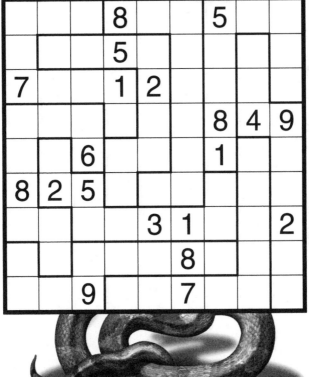

			8			5		
			5					
7			1	2				
						8	4	9
		6				1		
8	2	5						
				3	1			2
					8			
		9			7			

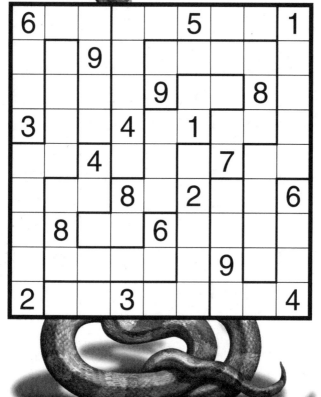

6					5			1
		9						
				9			8	
3			4		1			
		4				7		
			8		2			6
	8			6				
						9		
2			3					4

152 ⊙ Snakes on a Sudoku

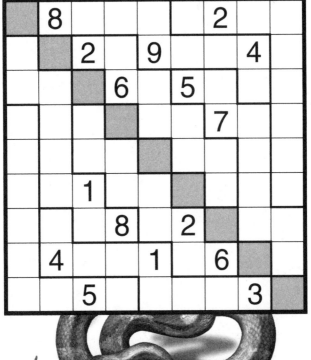

	8					2		
		2		9			4	
			6		5			
						7		
		1						
			8		2			
	4			1		6		
		5					3	

		6				1		
3			5		8			7
		8				9		
	3			5			9	
		3				7		
9			7		5			1
		2				4		

4		1				7		9
	9			1			8	
				6				
		8		7		9		
				2				
	1			4			5	
9		7				2		8

		8	1		5	4		
			6		7			
			9	4	2			
				1				
			8	2	6			
			4		9			
		5	3		8	6		

	1		4					
			2					5
				7			9	2
			7	5	9			
6	8			9				
7					2			
				6		8		

			7					
					3			
		2		9				
6			1				4	
		3		8		4		
	1				6			3
				4		9		
			5					
					2			

	3	6		8				
2								
6		1	7					
		2						
8				2				1
						2		
				6	4			2
								9
			1			6	9	

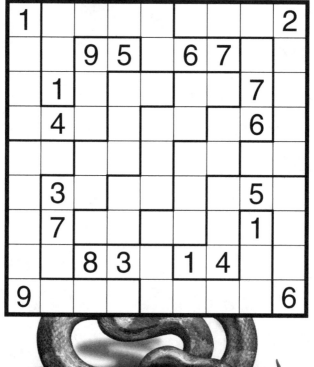

1								2
		9	5		6	7		
	1						7	
	4						6	
	3						5	
	7						1	
		8	3		1	4		
9								6

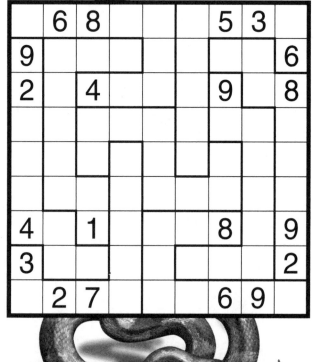

	6	8				5	3	
9								6
2		4				9		8
4		1				8		9
3								2
	2	7				6	9	

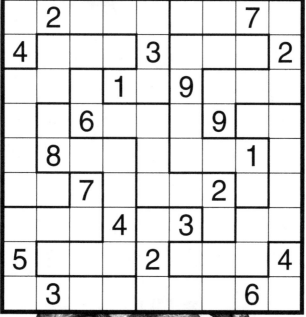

	2						7	
4				3				2
			1		9			
		6				9		
	8						1	
		7				2		
			4		3			
5				2				4
	3						6	

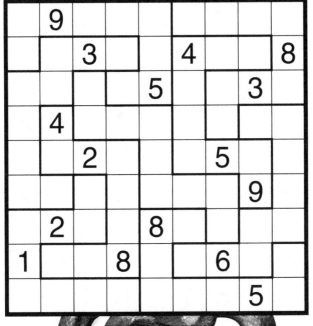

	9							
		3			4			8
				5			3	
	4							
		2				5		
							9	
	2			8				
1			8			6		
							5	

		7	8		1	3		
2								3
3			1		7			6
9			5		2			7
6								9
		5	4		6	8		

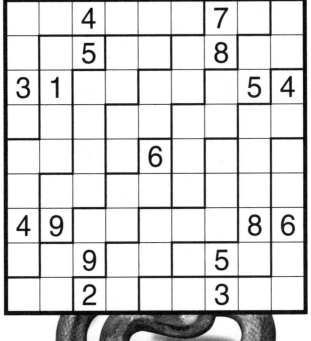

		4				7		
		5				8		
3	1						5	4
				6				
4	9						8	6
		9				5		
		2				3		

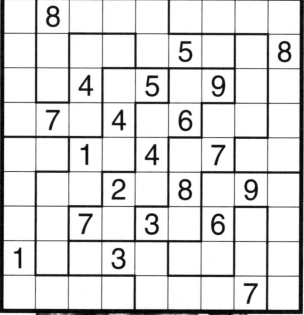

	8							
					5			8
		4		5		9		
	7		4		6			
		1		4		7		
			2		8		9	
		7		3		6		
1			3					
							7	

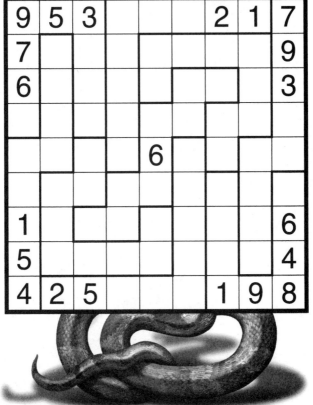

9	5	3				2	1	7
7								9
6								3
				6				
1								6
5								4
4	2	5				1	9	8

	7			9			8	
4		1				9		3
	4						6	
2				1				6
	5						2	
9		6				8		2
	8			2			4	

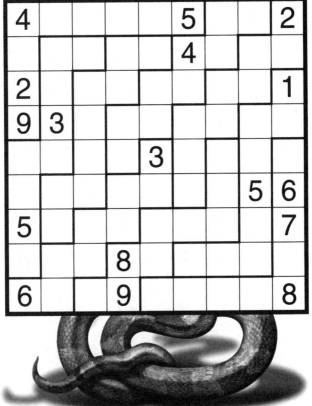

4					5			2
					4			
2								1
9	3							
				3				
							5	6
5								7
			8					
6			9					8

6	5							
3					8		2	
			8					
		1					9	
	4					3		
					1			
	9		2					4
							7	8

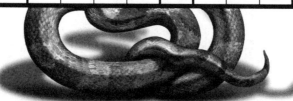

8			3		9			6
7				6				1
	4						2	
	5						9	
3				7				4
1			6		2			8

		6	9	7	5	2		
8								9
3								2
7				8				6
9								8
1								5
		9	5	2	1	3		

2				5				4
		9	1			6		
	1						7	
							2	
6								5
	6							
	4						6	
		1			8	7		
3				2				1

9	7							
					8			5
	8					4		
1								2
		7					6	
6			4					
							1	6

9						2		1
				3				
1			2					
				9		6		
	9						1	
		4		6				
					8			7
				1				
6		9						8

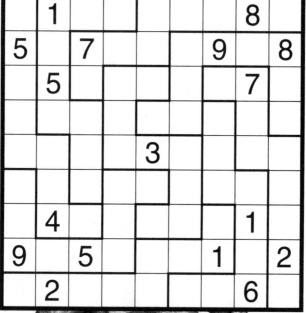

	1						8	
5		7				9		8
	5						7	
			3					
	4						1	
9		5				1		2
	2						6	

ANSWERS

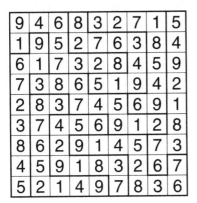

Answer 1

9	4	6	8	3	2	7	1	5
1	9	5	2	7	6	3	8	4
6	1	7	3	2	8	4	5	9
7	3	8	6	5	1	9	4	2
2	8	3	7	4	5	6	9	1
3	7	4	5	6	9	1	2	8
8	6	2	9	1	4	5	7	3
4	5	9	1	8	3	2	6	7
5	2	1	4	9	7	8	3	6

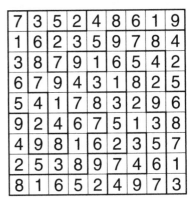

Answer 2

7	3	5	2	4	8	6	1	9
1	6	2	3	5	9	7	8	4
3	8	7	9	1	6	5	4	2
6	7	9	4	3	1	8	2	5
5	4	1	7	8	3	2	9	6
9	2	4	6	7	5	1	3	8
4	9	8	1	6	2	3	5	7
2	5	3	8	9	7	4	6	1
8	1	6	5	2	4	9	7	3

Answer 3

9	8	3	1	7	4	6	5	2
5	9	4	3	6	1	2	7	8
1	5	6	2	4	8	9	3	7
6	2	7	4	3	5	1	8	9
8	4	1	7	2	6	3	9	5
2	7	5	6	1	9	8	4	3
3	6	2	9	8	7	5	1	4
4	3	8	5	9	2	7	6	1
7	1	9	8	5	3	4	2	6

Answer 4

6	1	2	4	8	5	3	9	7
4	7	9	8	5	3	2	6	1
8	9	5	3	2	1	4	7	6
5	6	4	7	3	2	8	1	9
1	3	7	6	4	9	5	2	8
3	5	8	1	7	6	9	4	2
9	8	6	2	1	4	7	5	3
7	2	1	5	9	8	6	3	4
2	4	3	9	6	7	1	8	5

Snakes on a Sudoku **181**

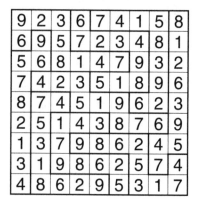

Answer 5   Answer 6

Answer 5

9	2	3	6	7	4	1	5	8
6	9	5	7	2	3	4	8	1
5	6	8	1	4	7	9	3	2
7	4	2	3	5	1	8	9	6
8	7	4	5	1	9	6	2	3
2	5	1	4	3	8	7	6	9
1	3	7	9	8	6	2	4	5
3	1	9	8	6	2	5	7	4
4	8	6	2	9	5	3	1	7

Answer 6

1	5	6	3	8	4	7	2	9
7	9	5	6	3	8	1	4	2
9	2	7	5	6	3	8	1	4
2	1	9	4	5	6	3	7	8
8	7	2	9	1	5	4	3	6
4	8	1	2	9	7	5	6	3
3	4	8	7	2	9	6	5	1
6	3	4	8	7	1	2	9	5
5	6	3	1	4	2	9	8	7

Answer 7   Answer 8

Answer 7

7	4	6	5	8	9	3	2	1
5	2	8	7	4	3	9	1	6
2	9	3	8	5	1	4	6	7
4	6	5	1	9	2	8	7	3
9	8	2	6	1	7	5	3	4
8	1	7	3	6	4	2	5	9
1	7	4	9	3	5	6	8	2
6	3	1	4	2	8	7	9	5
3	5	9	2	7	6	1	4	8

Answer 8

4	7	8	6	9	5	3	1	2
5	3	6	4	1	8	2	9	7
1	8	5	2	3	4	9	7	6
7	2	3	9	8	6	1	4	5
8	5	1	3	7	9	6	2	4
3	1	9	7	4	2	5	6	8
6	9	7	8	2	1	4	5	3
9	4	2	5	6	7	8	3	1
2	6	4	1	5	3	7	8	9

Answer 9

6	9	5	3	7	4	8	1	2
1	2	3	5	6	7	9	4	8
8	6	9	7	5	2	1	3	4
2	1	8	4	3	6	7	5	9
5	8	2	6	1	9	4	7	3
4	3	1	9	8	5	6	2	7
7	4	6	2	9	3	5	8	1
9	7	4	8	2	1	3	6	5
3	5	7	1	4	8	2	9	6

Answer 10

1	9	6	4	3	5	2	8	7
8	7	9	1	6	2	5	4	3
9	2	4	3	5	8	1	7	6
2	8	5	6	9	7	4	3	1
3	5	1	2	7	4	8	6	9
4	6	3	5	1	9	7	2	8
6	4	7	9	8	1	3	5	2
7	3	2	8	4	6	9	1	5
5	1	8	7	2	3	6	9	4

Answer 11

7	1	9	4	5	6	2	8	3
6	4	5	3	7	2	8	9	1
4	9	6	7	2	8	1	3	5
5	6	7	2	8	3	9	1	4
9	5	2	8	6	1	3	4	7
3	2	8	1	4	7	6	5	9
2	8	3	5	1	9	4	7	6
8	7	1	9	3	4	5	6	2
1	3	4	6	9	5	7	2	8

Answer 12

8	7	1	9	6	5	2	4	3
4	5	2	1	3	6	7	9	8
3	8	7	4	1	9	5	2	6
2	4	5	3	8	7	6	1	9
6	3	8	5	2	4	9	7	1
7	6	9	8	4	1	3	5	2
9	2	6	7	5	8	1	3	4
1	9	3	6	7	2	4	8	5
5	1	4	2	9	3	8	6	7

Snakes on a Sudoku

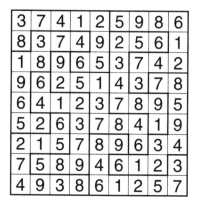

3	7	4	1	2	5	9	8	6
8	3	7	4	9	2	5	6	1
1	8	9	6	5	3	7	4	2
9	6	2	5	1	4	3	7	8
6	4	1	2	3	7	8	9	5
5	2	6	3	7	8	4	1	9
2	1	5	7	8	9	6	3	4
7	5	8	9	4	6	1	2	3
4	9	3	8	6	1	2	5	7

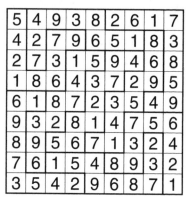

5	4	9	3	8	2	6	1	7
4	2	7	9	6	5	1	8	3
2	7	3	1	5	9	4	6	8
1	8	6	4	3	7	2	9	5
6	1	8	7	2	3	5	4	9
9	3	2	8	1	4	7	5	6
8	9	5	6	7	1	3	2	4
7	6	1	5	4	8	9	3	2
3	5	4	2	9	6	8	7	1

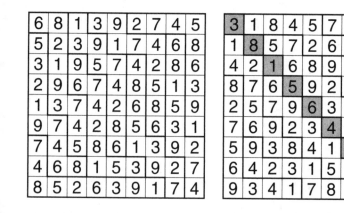

6	8	1	3	9	2	7	4	5
5	2	3	9	1	7	4	6	8
3	1	9	5	7	4	2	8	6
2	9	6	7	4	8	5	1	3
1	3	7	4	2	6	8	5	9
9	7	4	2	8	5	6	3	1
7	4	5	8	6	1	3	9	2
4	6	8	1	5	3	9	2	7
8	5	2	6	3	9	1	7	4

3	1	8	4	5	7	2	6	9
1	8	5	7	2	6	9	3	4
4	2	1	6	8	9	5	7	3
8	7	6	5	9	2	3	4	1
2	5	7	9	6	3	4	1	8
7	6	9	2	3	4	1	8	5
5	9	3	8	4	1	7	2	6
6	4	2	3	1	5	8	9	7
9	3	4	1	7	8	6	5	2

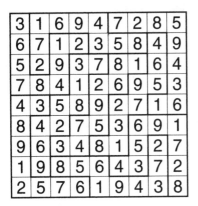

3	1	6	9	4	7	2	8	5
6	7	1	2	3	5	8	4	9
5	2	9	3	7	8	1	6	4
7	8	4	1	2	6	9	5	3
4	3	5	8	9	2	7	1	6
8	4	2	7	5	3	6	9	1
9	6	3	4	8	1	5	2	7
1	9	8	5	6	4	3	7	2
2	5	7	6	1	9	4	3	8

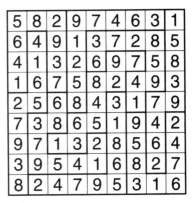

5	8	2	9	7	4	6	3	1
6	4	9	1	3	7	2	8	5
4	1	3	2	6	9	7	5	8
1	6	7	5	8	2	4	9	3
2	5	6	8	4	3	1	7	9
7	3	8	6	5	1	9	4	2
9	7	1	3	2	8	5	6	4
3	9	5	4	1	6	8	2	7
8	2	4	7	9	5	3	1	6

8	1	5	3	9	4	7	6	2
4	8	7	1	5	6	2	9	3
6	2	9	8	7	1	5	3	4
2	6	3	5	8	7	1	4	9
9	4	1	2	3	5	8	7	6
5	9	8	4	6	2	3	1	7
7	5	2	9	4	3	6	8	1
1	3	6	7	2	9	4	5	8
3	7	4	6	1	8	9	2	5

2	4	3	6	5	8	1	7	9
4	3	8	5	6	9	7	1	2
5	2	4	8	1	7	9	6	3
1	6	5	9	7	3	8	2	4
6	7	2	3	9	1	5	4	8
7	5	9	2	8	6	4	3	1
9	8	1	4	3	2	6	5	7
3	9	7	1	4	5	2	8	6
8	1	6	7	2	4	3	9	5

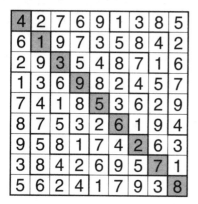

4	2	7	6	9	1	3	8	5
6	1	9	7	3	5	8	4	2
2	9	3	5	4	8	7	1	6
1	3	6	9	8	2	4	5	7
7	4	1	8	5	3	6	2	9
8	7	5	3	2	6	1	9	4
9	5	8	1	7	4	2	6	3
3	8	4	2	6	9	5	7	1
5	6	2	4	1	7	9	3	8

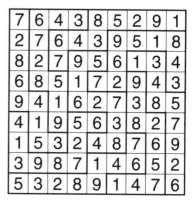

7	6	4	3	8	5	2	9	1
2	7	6	4	3	9	5	1	8
8	2	7	9	5	6	1	3	4
6	8	5	1	7	2	9	4	3
9	4	1	6	2	7	3	8	5
4	1	9	5	6	3	8	2	7
1	5	3	2	4	8	7	6	9
3	9	8	7	1	4	6	5	2
5	3	2	8	9	1	4	7	6

9	7	6	2	1	4	5	3	8
1	2	5	3	6	9	4	8	7
8	3	2	4	9	5	1	7	6
3	1	7	5	4	8	9	6	2
5	6	9	1	8	7	2	4	3
2	5	4	7	3	6	8	1	9
6	8	3	9	2	1	7	5	4
7	4	8	6	5	2	3	9	1
4	9	1	8	7	3	6	2	5

1	8	5	3	6	7	4	9	2
2	6	9	7	4	8	1	3	5
9	4	8	1	2	6	3	5	7
7	3	4	6	8	5	2	1	9
5	9	7	2	3	1	6	4	8
8	2	3	5	1	9	7	6	4
6	7	1	8	9	4	5	2	3
4	1	2	9	5	3	8	7	6
3	5	6	4	7	2	9	8	1

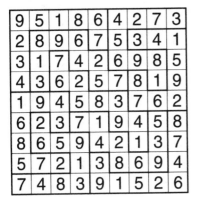

9	5	1	8	6	4	2	7	3
2	8	9	6	7	5	3	4	1
3	1	7	4	2	6	9	8	5
4	3	6	2	5	7	8	1	9
1	9	4	5	8	3	7	6	2
6	2	3	7	1	9	4	5	8
8	6	5	9	4	2	1	3	7
5	7	2	1	3	8	6	9	4
7	4	8	3	9	1	5	2	6

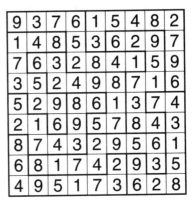

9	3	7	6	1	5	4	8	2
1	4	8	5	3	6	2	9	7
7	6	3	2	8	4	1	5	9
3	5	2	4	9	8	7	1	6
5	2	9	8	6	1	3	7	4
2	1	6	9	5	7	8	4	3
8	7	4	3	2	9	5	6	1
6	8	1	7	4	2	9	3	5
4	9	5	1	7	3	6	2	8

2	5	1	4	6	3	9	7	8
1	7	4	2	9	6	3	8	5
9	1	7	8	3	4	6	5	2
8	9	3	6	7	1	5	2	4
5	3	9	7	8	2	1	4	6
3	8	6	9	4	5	2	1	7
7	6	5	3	2	8	4	9	1
6	4	2	1	5	7	8	3	9
4	2	8	5	1	9	7	6	3

4	3	8	9	5	2	1	7	6
1	4	2	3	6	7	5	9	8
3	1	5	7	9	6	2	8	4
5	9	6	2	1	4	8	3	7
8	2	9	5	7	1	4	6	3
9	7	1	6	2	8	3	4	5
2	5	7	4	8	3	6	1	9
7	6	3	8	4	5	9	2	1
6	8	4	1	3	9	7	5	2

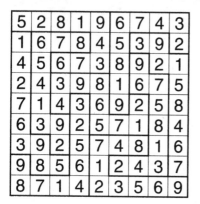

5	2	8	1	9	6	7	4	3
1	6	7	8	4	5	3	9	2
4	5	6	7	3	8	9	2	1
2	4	3	9	8	1	6	7	5
7	1	4	3	6	9	2	5	8
6	3	9	2	5	7	1	8	4
3	9	2	5	7	4	8	1	6
9	8	5	6	1	2	4	3	7
8	7	1	4	2	3	5	6	9

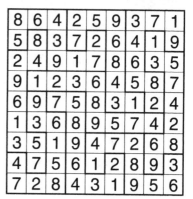

8	6	4	2	5	9	3	7	1
5	8	3	7	2	6	4	1	9
2	4	9	1	7	8	6	3	5
9	1	2	3	6	4	5	8	7
6	9	7	5	8	3	1	2	4
1	3	6	8	9	5	7	4	2
3	5	1	9	4	7	2	6	8
4	7	5	6	1	2	8	9	3
7	2	8	4	3	1	9	5	6

4	3	7	5	6	2	9	1	8
2	6	1	4	9	3	8	7	5
1	8	9	2	3	6	7	5	4
8	5	3	6	7	9	1	4	2
5	1	2	7	8	4	6	3	9
7	2	6	9	4	1	5	8	3
3	9	4	8	1	5	2	6	7
9	4	8	1	5	7	3	2	6
6	7	5	3	2	8	4	9	1

7	4	1	2	6	3	8	5	9
6	9	5	3	4	1	7	8	2
2	7	3	5	9	8	6	4	1
3	8	9	4	1	5	2	6	7
9	1	4	7	3	6	5	2	8
4	5	7	1	8	2	3	9	6
5	2	8	6	7	9	4	1	3
1	6	2	8	5	7	9	3	4
8	3	6	9	2	4	1	7	5

6	3	1	7	4	5	2	9	8
4	2	8	1	9	6	5	7	3
5	8	2	6	3	9	1	4	7
9	7	3	2	8	4	6	5	1
1	5	7	8	2	3	9	6	4
8	9	5	3	7	2	4	1	6
7	4	6	5	1	8	3	2	9
2	1	9	4	6	7	8	3	5
3	6	4	9	5	1	7	8	2

3	6	2	9	1	5	4	7	8
1	9	6	8	7	4	3	5	2
7	3	1	4	5	2	6	8	9
6	4	7	5	2	3	8	9	1
4	2	5	3	8	9	7	1	6
9	5	8	2	6	7	1	4	3
5	8	9	6	4	1	2	3	7
2	1	4	7	3	8	9	6	5
8	7	3	1	9	6	5	2	4

5	6	1	8	7	2	4	9	3
9	4	8	5	2	1	3	6	7
2	9	7	4	3	5	1	8	6
7	8	3	2	6	9	5	1	4
6	7	5	3	1	8	2	4	9
1	3	2	6	5	4	9	7	8
3	1	6	9	4	7	8	5	2
8	2	4	1	9	6	7	3	5
4	5	9	7	8	3	6	2	1

7	5	4	9	2	3	6	1	8
2	7	6	8	4	1	5	9	3
3	9	1	5	6	7	4	8	2
9	2	8	4	5	6	7	3	1
1	3	5	7	8	4	2	6	9
6	4	3	1	9	2	8	7	5
4	8	2	3	7	9	1	5	6
5	6	9	2	1	8	3	4	7
8	1	7	6	3	5	9	2	4

Answer 37

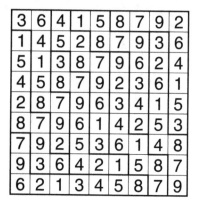

3	6	4	1	5	8	7	9	2
1	4	5	2	8	7	9	3	6
5	1	3	8	7	9	6	2	4
4	5	8	7	9	2	3	6	1
2	8	7	9	6	3	4	1	5
8	7	9	6	1	4	2	5	3
7	9	2	5	3	6	1	4	8
9	3	6	4	2	1	5	8	7
6	2	1	3	4	5	8	7	9

Answer 38

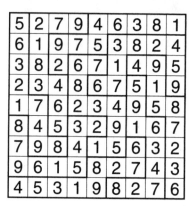

5	2	7	9	4	6	3	8	1
6	1	9	7	5	3	8	2	4
3	8	2	6	7	1	4	9	5
2	3	4	8	6	7	5	1	9
1	7	6	2	3	4	9	5	8
8	4	5	3	2	9	1	6	7
7	9	8	4	1	5	6	3	2
9	6	1	5	8	2	7	4	3
4	5	3	1	9	8	2	7	6

Answer 39   Answer 40

Answer 39

2	8	4	1	6	7	3	9	5
3	6	5	7	1	9	4	2	8
7	2	1	3	9	5	6	8	4
1	4	9	6	7	8	5	3	2
6	9	2	8	4	3	1	5	7
9	1	8	2	5	4	7	6	3
4	7	3	5	8	2	9	1	6
8	5	6	4	3	1	2	7	9
5	3	7	9	2	6	8	4	1

Answer 40

4	8	2	7	5	6	1	3	9
2	4	5	1	9	3	6	8	7
6	1	8	9	3	5	4	7	2
3	9	7	4	2	1	5	6	8
9	6	1	8	7	2	3	4	5
1	7	6	3	8	9	2	5	4
7	5	9	6	1	4	8	2	3
8	2	3	5	4	7	9	1	6
5	3	4	2	6	8	7	9	1

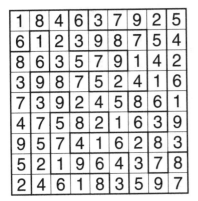

1	8	4	6	3	7	9	2	5
6	1	2	3	9	8	7	5	4
8	6	3	5	7	9	1	4	2
3	9	8	7	5	2	4	1	6
7	3	9	2	4	5	8	6	1
4	7	5	8	2	1	6	3	9
9	5	7	4	1	6	2	8	3
5	2	1	9	6	4	3	7	8
2	4	6	1	8	3	5	9	7

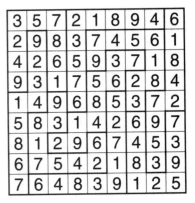

3	5	7	2	1	8	9	4	6
2	9	8	3	7	4	5	6	1
4	2	6	5	9	3	7	1	8
9	3	1	7	5	6	2	8	4
1	4	9	6	8	5	3	7	2
5	8	3	1	4	2	6	9	7
8	1	2	9	6	7	4	5	3
6	7	5	4	2	1	8	3	9
7	6	4	8	3	9	1	2	5

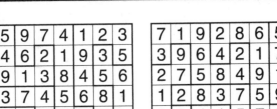

8	6	5	9	7	4	1	2	3
7	8	4	6	2	1	9	3	5
2	7	9	1	3	8	4	5	6
9	2	3	7	4	5	6	8	1
6	9	1	4	5	3	2	7	8
5	4	7	3	1	9	8	6	2
4	1	6	5	8	2	3	9	7
1	3	8	2	6	7	5	4	9
3	5	2	8	9	6	7	1	4

7	1	9	2	8	6	5	4	3
3	9	6	4	2	1	7	5	8
2	7	5	8	4	9	1	3	6
1	2	8	3	7	5	9	6	4
6	8	4	1	5	7	3	2	9
8	5	3	7	1	4	6	9	2
5	4	2	6	9	3	8	1	7
9	3	7	5	6	2	4	8	1
4	6	1	9	3	8	2	7	5

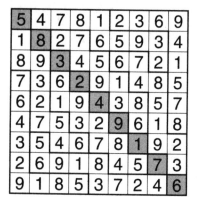

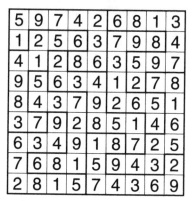

Answer 47

2	3	7	5	8	4	6	9	1
5	8	6	9	4	2	3	1	7
3	5	8	1	9	7	4	6	2
9	1	4	7	3	6	8	2	5
7	6	9	4	2	3	1	5	8
1	7	2	3	6	9	5	8	4
6	4	1	2	5	8	7	3	9
4	2	3	8	1	5	9	7	6
8	9	5	6	7	1	2	4	3

Answer 48

4	5	1	7	9	6	8	3	2
3	1	4	6	5	8	2	9	7
5	6	7	8	3	2	9	1	4
8	7	5	2	4	9	3	6	1
6	9	2	3	7	1	5	4	8
1	2	6	5	8	3	4	7	9
2	4	8	9	1	7	6	5	3
7	3	9	4	2	5	1	8	6
9	8	3	1	6	4	7	2	5

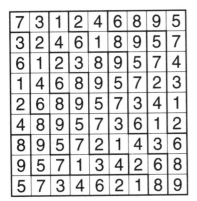

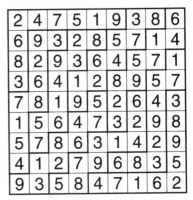

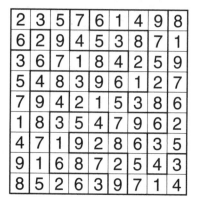

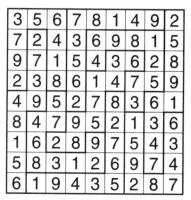

7	1	3	5	9	8	4	6	2
6	9	5	3	4	7	2	8	1
2	4	6	7	8	5	1	9	3
8	2	9	4	1	6	5	3	7
3	7	8	1	5	2	6	4	9
9	5	4	8	2	3	7	1	6
5	3	1	2	6	9	8	7	4
1	6	2	9	7	4	3	5	8
4	8	7	6	3	1	9	2	5

7	6	1	2	5	9	4	3	8
2	7	3	9	8	1	5	6	4
1	2	4	5	9	8	6	7	3
9	1	5	6	7	4	3	8	2
5	9	7	8	4	3	2	1	6
6	5	8	4	3	7	9	2	1
8	4	9	3	6	2	1	5	7
4	3	2	1	6	8	9	5
3	8	6	1	2	5	7	4	9

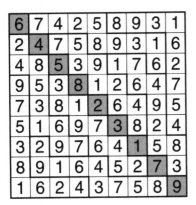

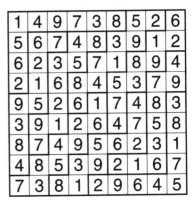

Answer 57

6	7	4	2	5	8	9	3	1
2	4	7	5	8	9	3	1	6
4	8	5	3	9	1	7	6	2
9	5	3	8	1	2	6	4	7
7	3	8	1	2	6	4	9	5
5	1	6	9	7	3	8	2	4
3	2	9	7	6	4	1	5	8
8	9	1	6	4	5	2	7	3
1	6	2	4	3	7	5	8	9

Answer 58

1	4	9	7	3	8	5	2	6
5	6	7	4	8	3	9	1	2
6	2	3	5	7	1	8	9	4
2	1	6	8	4	5	3	7	9
9	5	2	6	1	7	4	8	3
3	9	1	2	6	4	7	5	8
8	7	4	9	5	6	2	3	1
4	8	5	3	9	2	1	6	7
7	3	8	1	2	9	6	4	5

Answer 59

4	9	7	5	3	1	2	6	8
6	5	1	3	2	4	7	8	9
5	2	6	8	1	7	4	9	3
9	4	2	1	8	3	6	7	5
8	6	3	4	7	5	9	1	2
2	7	8	9	4	6	5	3	1
7	3	9	2	6	8	1	5	4
3	1	4	7	5	9	8	2	6
1	8	5	6	9	2	3	4	7

Answer 60

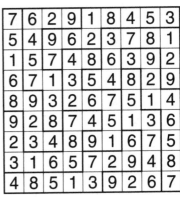

7	6	2	9	1	8	4	5	3
5	4	9	6	2	3	7	8	1
1	5	7	4	8	6	3	9	2
6	7	1	3	5	4	8	2	9
8	9	3	2	6	7	5	1	4
9	2	8	7	4	5	1	3	6
2	3	4	8	9	1	6	7	5
3	1	6	5	7	2	9	4	8
4	8	5	1	3	9	2	6	7

Snakes on a Sudoku ⊙ **195**

Answer 61

2	5	1	7	6	3	9	8	4
9	7	5	1	3	6	8	4	2
4	3	6	8	9	7	2	5	1
8	6	9	3	2	4	5	1	7
1	8	4	2	7	5	3	9	6
7	2	3	4	5	8	1	6	9
5	1	7	6	8	9	4	2	3
6	9	2	5	4	1	7	3	8
3	4	8	9	1	2	6	7	5

Answer 62

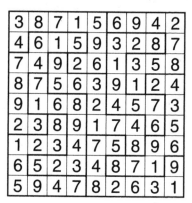

3	8	7	1	5	6	9	4	2
4	6	1	5	9	3	2	8	7
7	4	9	2	6	1	3	5	8
8	7	5	6	3	9	1	2	4
9	1	6	8	2	4	5	7	3
2	3	8	9	1	7	4	6	5
1	2	3	4	7	5	8	9	6
6	5	2	3	4	8	7	1	9
5	9	4	7	8	2	6	3	1

Answer 63

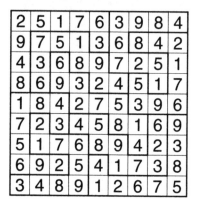

3	6	2	7	4	8	1	9	5
1	4	5	2	9	7	3	8	6
5	9	7	1	2	6	4	3	8
9	3	6	8	5	2	7	4	1
8	1	3	4	6	9	5	2	7
6	8	4	5	3	1	2	7	9
2	5	1	9	7	4	8	6	3
7	2	8	6	1	3	9	5	4
4	7	9	3	8	5	6	1	2

Answer 64

9	2	4	6	5	3	8	1	7
1	8	2	4	9	7	3	5	6
3	1	6	5	4	8	7	9	2
8	5	7	3	1	4	6	2	9
2	4	3	9	7	1	5	6	8
5	7	9	2	3	6	1	8	4
4	6	5	7	8	2	9	3	1
6	9	8	1	2	5	4	7	3
7	3	1	8	6	9	2	4	5

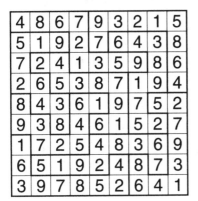

4	8	6	7	9	3	2	1	5
5	1	9	2	7	6	4	3	8
7	2	4	1	3	5	9	8	6
2	6	5	3	8	7	1	9	4
8	4	3	6	1	9	7	5	2
9	3	8	4	6	1	5	2	7
1	7	2	5	4	8	3	6	9
6	5	1	9	2	4	8	7	3
3	9	7	8	5	2	6	4	1

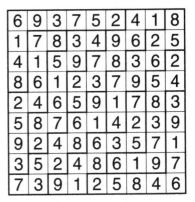

6	9	3	7	5	2	4	1	8
1	7	8	3	4	9	6	2	5
4	1	5	9	7	8	3	6	2
8	6	1	2	3	7	9	5	4
2	4	6	5	9	1	7	8	3
5	8	7	6	1	4	2	3	9
9	2	4	8	6	3	5	7	1
3	5	2	4	8	6	1	9	7
7	3	9	1	2	5	8	4	6

7	8	3	5	9	2	4	1	6
5	7	9	6	4	1	8	2	3
4	5	1	2	6	8	9	3	7
8	4	6	9	1	3	2	7	5
9	6	2	1	3	4	7	5	8
6	9	4	3	2	7	5	8	1
2	3	8	4	7	5	1	6	9
3	1	5	7	8	9	6	4	2
1	2	7	8	5	6	3	9	4

2	1	8	6	3	4	7	9	5
4	3	1	8	7	6	2	5	9
5	2	7	9	6	1	3	8	4
9	7	6	3	4	5	8	2	1
1	9	5	4	2	8	6	3	7
6	4	2	5	8	9	1	7	3
3	6	9	7	1	2	5	4	8
7	8	4	1	5	3	9	6	2
8	5	3	2	9	7	4	1	6

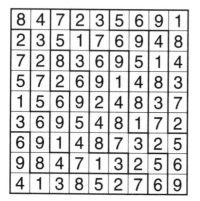

Answer 69:

8	4	7	2	3	5	6	9	1
2	3	5	1	7	6	9	4	8
7	2	8	3	6	9	5	1	4
5	7	2	6	9	1	4	8	3
1	5	6	9	2	4	8	3	7
3	6	9	5	4	8	1	7	2
6	9	1	4	8	7	3	2	5
9	8	4	7	1	3	2	5	6
4	1	3	8	5	2	7	6	9

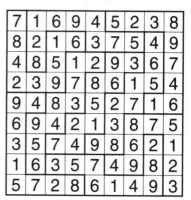

Answer 70:

7	1	6	9	4	5	2	3	8
8	2	1	6	3	7	5	4	9
4	8	5	1	2	9	3	6	7
2	3	9	7	8	6	1	5	4
9	4	8	3	5	2	7	1	6
6	9	4	2	1	3	8	7	5
3	5	7	4	9	8	6	2	1
1	6	3	5	7	4	9	8	2
5	7	2	8	6	1	4	9	3

Answer 71:

7	4	8	5	9	1	3	6	2
3	7	5	4	1	6	8	2	9
6	9	2	8	3	5	1	4	7
9	3	1	2	8	4	5	7	6
1	6	3	7	2	8	9	5	4
5	2	6	3	7	9	4	1	8
2	1	9	6	4	3	7	8	5
4	8	7	9	5	2	6	3	1
8	5	4	1	6	7	2	9	3

Answer 72:

3	5	6	4	9	8	1	7	2
6	8	9	5	7	1	2	3	4
7	3	4	2	1	9	5	8	6
4	2	7	9	8	6	3	1	5
5	4	1	8	2	3	7	6	9
1	9	8	6	5	7	4	2	3
9	7	5	1	3	2	6	4	8
8	1	2	3	6	4	9	5	7
2	6	3	7	4	5	8	9	1

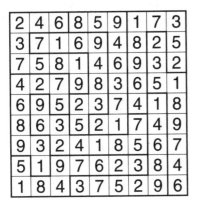

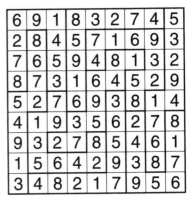

Answer 73

2	4	6	8	5	9	1	7	3
3	7	1	6	9	4	8	2	5
7	5	8	1	4	6	9	3	2
4	2	7	9	8	3	6	5	1
6	9	5	2	3	7	4	1	8
8	6	3	5	2	1	7	4	9
9	3	2	4	1	8	5	6	7
5	1	9	7	6	2	3	8	4
1	8	4	3	7	5	2	9	6

Answer 74

6	9	1	8	3	2	7	4	5
2	8	4	5	7	1	6	9	3
7	6	5	9	4	8	1	3	2
8	7	3	1	6	4	5	2	9
5	2	7	6	9	3	8	1	4
4	1	9	3	5	6	2	7	8
9	3	2	7	8	5	4	6	1
1	5	6	4	2	9	3	8	7
3	4	8	2	1	7	9	5	6

Answer 75

5	9	3	4	7	8	1	2	6
1	7	9	8	2	5	3	6	4
2	1	7	6	8	4	5	9	3
3	6	8	2	5	9	7	4	1
6	8	5	3	4	7	2	1	9
4	5	6	7	3	1	9	8	2
8	2	4	1	9	3	6	5	7
7	4	2	9	1	6	8	3	5
9	3	1	5	6	2	4	7	8

Answer 76

3	5	4	7	6	9	1	2	8
6	1	5	9	3	2	8	7	4
2	9	8	3	1	4	5	6	7
1	4	7	5	2	6	9	8	3
8	3	9	4	7	1	2	5	6
5	8	6	1	9	3	7	4	2
7	2	3	8	4	5	6	1	9
4	7	2	6	5	8	3	9	1
9	6	1	2	8	7	4	3	5

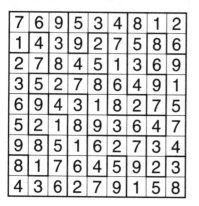

7	6	9	5	3	4	8	1	2
1	4	3	9	2	7	5	8	6
2	7	8	4	5	1	3	6	9
3	5	2	7	8	6	4	9	1
6	9	4	3	1	8	2	7	5
5	2	1	8	9	3	6	4	7
9	8	5	1	6	2	7	3	4
8	1	7	6	4	5	9	2	3
4	3	6	2	7	9	1	5	8

7	9	2	8	1	5	6	3	4
5	8	7	4	2	6	3	9	1
2	5	8	1	6	3	4	7	9
4	2	5	6	3	9	7	1	8
8	1	6	3	5	2	9	4	7
1	6	3	7	9	4	5	8	2
6	3	4	9	8	7	1	2	5
3	7	9	2	4	1	8	5	6
9	4	1	5	7	8	2	6	3

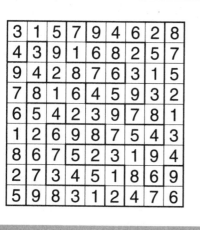

3	1	5	7	9	4	6	2	8
4	3	9	1	6	8	2	5	7
9	4	2	8	7	6	3	1	5
7	8	1	6	4	5	9	3	2
6	5	4	2	3	9	7	8	1
1	2	6	9	8	7	5	4	3
8	6	7	5	2	3	1	9	4
2	7	3	4	5	1	8	6	9
5	9	8	3	1	2	4	7	6

5	1	4	2	8	3	9	6	7
8	2	3	7	4	9	6	1	5
4	3	2	8	9	6	5	7	1
3	8	5	9	6	1	7	2	4
2	4	9	6	1	7	3	5	8
7	9	6	3	5	4	1	8	2
9	6	7	1	2	5	8	4	3
6	5	1	4	7	8	2	3	9
1	7	8	5	3	2	4	9	6

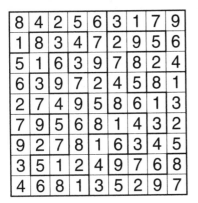

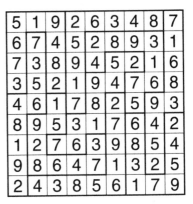

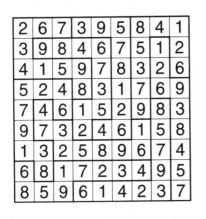

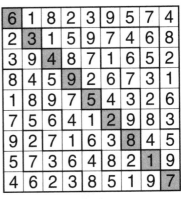

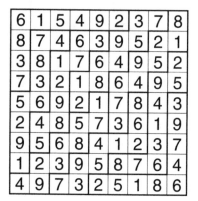

Answer 85

6	1	5	4	9	2	3	7	8
8	7	4	6	3	9	5	2	1
3	8	1	7	6	4	9	5	2
7	3	2	1	8	6	4	9	5
5	6	9	2	1	7	8	4	3
2	4	8	5	7	3	6	1	9
9	5	6	8	4	1	2	3	7
1	2	3	9	5	8	7	6	4
4	9	7	3	2	5	1	8	6

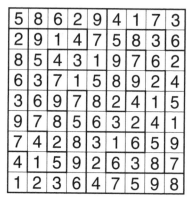

Answer 86

5	8	6	2	9	4	1	7	3
2	9	1	4	7	5	8	3	6
8	5	4	3	1	9	7	6	2
6	3	7	1	5	8	9	2	4
3	6	9	7	8	2	4	1	5
9	7	8	5	6	3	2	4	1
7	4	2	8	3	1	6	5	9
4	1	5	9	2	6	3	8	7
1	2	3	6	4	7	5	9	8

Answer 87

6	8	4	7	3	9	2	1	5
2	6	8	4	9	5	1	3	7
1	2	9	8	5	4	6	7	3
5	3	7	6	2	1	9	4	8
9	1	2	3	7	8	5	6	4
3	4	1	9	8	2	7	5	6
4	7	3	5	1	6	8	2	9
7	9	5	1	6	3	4	8	2
8	5	6	2	4	7	3	9	1

Answer 88

8	6	3	2	1	9	4	7	5
1	4	9	6	2	7	3	5	8
9	1	5	7	4	3	2	8	6
3	2	4	8	7	5	6	9	1
6	5	7	9	3	4	8	1	2
2	3	8	4	9	1	5	6	7
5	7	2	3	6	8	1	4	9
7	8	6	1	5	2	9	3	4
4	9	1	5	8	6	7	2	3

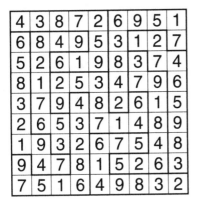

4	3	8	7	2	6	9	5	1
6	8	4	9	5	3	1	2	7
5	2	6	1	9	8	3	7	4
8	1	2	5	3	4	7	9	6
3	7	9	4	8	2	6	1	5
2	6	5	3	7	1	4	8	9
1	9	3	2	6	7	5	4	8
9	4	7	8	1	5	2	6	3
7	5	1	6	4	9	8	3	2

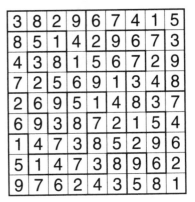

3	8	2	9	6	7	4	1	5
8	5	1	4	2	9	6	7	3
4	3	8	1	5	6	7	2	9
7	2	5	6	9	1	3	4	8
2	6	9	5	1	4	8	3	7
6	9	3	8	7	2	1	5	4
1	4	7	3	8	5	2	9	6
5	1	4	7	3	8	9	6	2
9	7	6	2	4	3	5	8	1

7	5	6	8	2	4	3	9	1
2	6	1	5	9	7	4	3	8
3	4	8	9	6	2	5	1	7
6	9	2	3	4	8	1	7	5
8	1	9	7	5	3	2	4	6
9	8	5	4	3	1	7	6	2
4	2	7	6	1	5	9	8	3
5	3	4	1	7	6	8	2	9
1	7	3	2	8	9	6	5	4

3	2	1	9	6	4	8	7	5
8	3	7	1	4	5	9	6	2
7	9	2	5	1	6	4	3	8
5	8	9	2	3	1	7	4	6
6	5	3	4	7	8	2	9	1
4	6	8	3	2	9	5	1	7
2	7	6	8	9	3	1	5	4
1	4	5	6	8	7	3	2	9
9	1	4	7	5	2	6	8	3

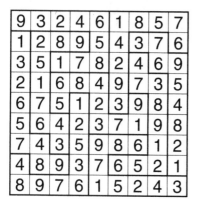

9	3	2	4	6	1	8	5	7
1	2	8	9	5	4	3	7	6
3	5	1	7	8	2	4	6	9
2	1	6	8	4	9	7	3	5
6	7	5	1	2	3	9	8	4
5	6	4	2	3	7	1	9	8
7	4	3	5	9	8	6	1	2
4	8	9	3	7	6	5	2	1
8	9	7	6	1	5	2	4	3

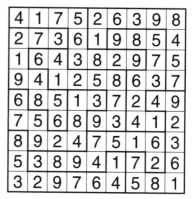

4	1	7	5	2	6	3	9	8
2	7	3	6	1	9	8	5	4
1	6	4	3	8	2	9	7	5
9	4	1	2	5	8	6	3	7
6	8	5	1	3	7	2	4	9
7	5	6	8	9	3	4	1	2
8	9	2	4	7	5	1	6	3
5	3	8	9	4	1	7	2	6
3	2	9	7	6	4	5	8	1

6	7	5	9	3	1	4	2	8
4	8	3	1	2	7	6	9	5
8	5	2	7	4	3	9	6	1
1	9	4	3	6	2	8	5	7
7	1	8	6	5	9	2	4	3
5	3	6	2	9	8	1	7	4
2	6	1	5	8	4	7	3	9
3	4	9	8	7	6	5	1	2
9	2	7	4	1	5	3	8	6

5	8	9	1	7	6	4	2	3
9	1	6	7	5	4	2	3	8
6	7	1	5	4	2	3	8	9
3	6	5	4	2	8	9	7	1
7	9	4	2	8	3	6	1	5
1	4	2	6	3	9	8	5	7
4	2	3	8	1	5	7	9	6
2	5	8	3	9	7	1	6	4
8	3	7	9	6	1	5	4	2

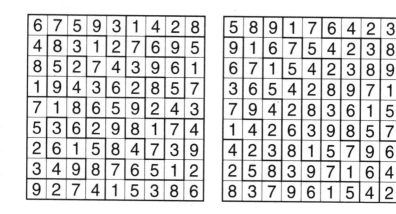

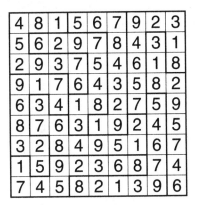

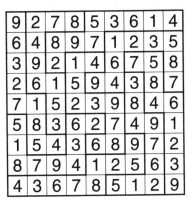

4	8	1	5	6	7	9	2	3
5	6	2	9	7	8	4	3	1
2	9	3	7	5	4	6	1	8
9	1	7	6	4	3	5	8	2
6	3	4	1	8	2	7	5	9
8	7	6	3	1	9	2	4	5
3	2	8	4	9	5	1	6	7
1	5	9	2	3	6	8	7	4
7	4	5	8	2	1	3	9	6

9	2	7	8	5	3	6	1	4
6	4	8	9	7	1	2	3	5
3	9	2	1	4	6	7	5	8
2	6	1	5	9	4	3	8	7
7	1	5	2	3	9	8	4	6
5	8	3	6	2	7	4	9	1
1	5	4	3	6	8	9	7	2
8	7	9	4	1	2	5	6	3
4	3	6	7	8	5	1	2	9

1	8	9	5	6	7	2	3	4
5	4	6	3	7	1	9	2	8
6	5	4	2	3	9	7	8	1
8	3	2	7	1	4	6	5	9
9	6	7	4	5	2	8	1	3
3	2	5	1	8	6	4	9	7
2	7	1	6	9	8	3	4	5
7	1	8	9	4	3	5	6	2
4	9	3	8	2	5	1	7	6

6	3	8	2	5	1	9	7	4
2	4	7	6	1	9	5	3	8
7	9	5	4	2	6	1	8	3
5	8	6	1	3	7	2	4	9
4	5	2	8	9	3	6	1	7
9	6	3	5	4	8	7	2	1
3	7	1	9	8	2	4	5	6
8	1	4	7	6	5	3	9	2
1	2	9	3	7	4	8	6	5

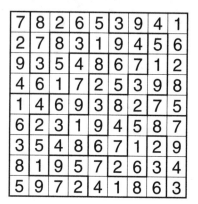

Answer 101:

7	8	2	6	5	3	9	4	1
2	7	8	3	1	9	4	5	6
9	3	5	4	8	6	7	1	2
4	6	1	7	2	5	3	9	8
1	4	6	9	3	8	2	7	5
6	2	3	1	9	4	5	8	7
3	5	4	8	6	7	1	2	9
8	1	9	5	7	2	6	3	4
5	9	7	2	4	1	8	6	3

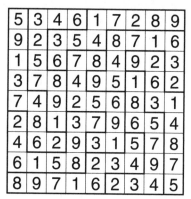

Answer 102:

5	3	4	6	1	7	2	8	9
9	2	3	5	4	8	7	1	6
1	5	6	7	8	4	9	2	3
3	7	8	4	9	5	1	6	2
7	4	9	2	5	6	8	3	1
2	8	1	3	7	9	6	5	4
4	6	2	9	3	1	5	7	8
6	1	5	8	2	3	4	9	7
8	9	7	1	6	2	3	4	5

Answer 103:

5	3	1	6	8	9	7	4	2
9	8	2	1	7	5	3	6	4
8	6	7	3	4	1	5	2	9
6	5	4	2	3	7	1	9	8
7	9	3	5	2	4	8	1	6
1	7	8	4	9	2	6	3	5
4	2	6	8	1	3	9	5	7
3	4	5	9	6	8	2	7	1
2	1	9	7	5	6	4	8	3

Answer 104:

6	3	4	2	9	8	5	1	7
9	8	3	4	1	5	7	6	2
7	6	5	1	8	9	2	3	4
1	2	8	7	4	6	9	5	3
5	1	2	3	7	4	8	9	6
2	9	6	8	3	1	4	7	5
3	4	1	5	2	7	6	8	9
8	5	7	9	6	2	3	4	1
4	7	9	6	5	3	1	2	8

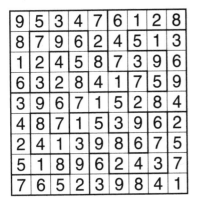

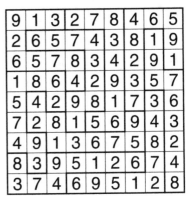

9	5	3	4	7	6	1	2	8
8	7	9	6	2	4	5	1	3
1	2	4	5	8	7	3	9	6
6	3	2	8	4	1	7	5	9
3	9	6	7	1	5	2	8	4
4	8	7	1	5	3	9	6	2
2	4	1	3	9	8	6	7	5
5	1	8	9	6	2	4	3	7
7	6	5	2	3	9	8	4	1

9	1	3	2	7	8	4	6	5
2	6	5	7	4	3	8	1	9
6	5	7	8	3	4	2	9	1
1	8	6	4	2	9	3	5	7
5	4	2	9	8	1	7	3	6
7	2	8	1	5	6	9	4	3
4	9	1	3	6	7	5	8	2
8	3	9	5	1	2	6	7	4
3	7	4	6	9	5	1	2	8

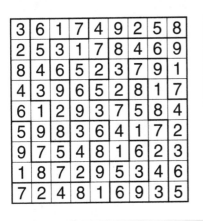

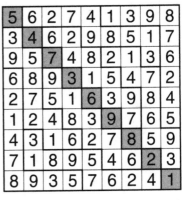

3	6	1	7	4	9	2	5	8
2	5	3	1	7	8	4	6	9
8	4	6	5	2	3	7	9	1
4	3	9	6	5	2	8	1	7
6	1	2	9	3	7	5	8	4
5	9	8	3	6	4	1	7	2
9	7	5	4	8	1	6	2	3
1	8	7	2	9	5	3	4	6
7	2	4	8	1	6	9	3	5

5	6	2	7	4	1	3	9	8
3	4	6	2	9	8	5	1	7
9	5	7	4	8	2	1	3	6
6	8	9	3	1	5	4	7	2
2	7	5	1	6	3	9	8	4
1	2	4	8	3	9	7	6	5
4	3	1	6	2	7	8	5	9
7	1	8	9	5	4	6	2	3
8	9	3	5	7	6	2	4	1

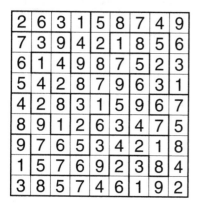

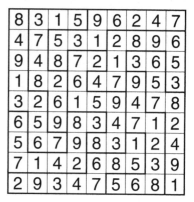

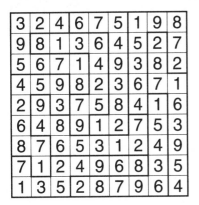

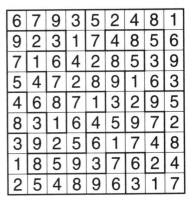

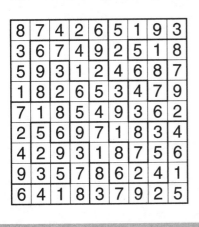

Snakes on a Sudoku © **209**

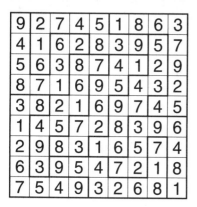
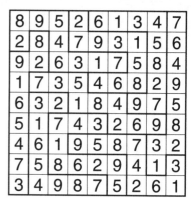

Answer 117

9	2	7	4	5	1	8	6	3
4	1	6	2	8	3	9	5	7
5	6	3	8	7	4	1	2	9
8	7	1	6	9	5	4	3	2
3	8	2	1	6	9	7	4	5
1	4	5	7	2	8	3	9	6
2	9	8	3	1	6	5	7	4
6	3	9	5	4	7	2	1	8
7	5	4	9	3	2	6	8	1

Answer 118

8	9	5	2	6	1	3	4	7
2	8	4	7	9	3	1	5	6
9	2	6	3	1	7	5	8	4
1	7	3	5	4	6	8	2	9
6	3	2	1	8	4	9	7	5
5	1	7	4	3	2	6	9	8
4	6	1	9	5	8	7	3	2
7	5	8	6	2	9	4	1	3
3	4	9	8	7	5	2	6	1

Answer 119

2	9	5	8	6	1	4	7	3
4	7	2	5	3	8	1	6	9
8	4	3	7	1	9	5	2	6
3	5	6	1	4	2	8	9	7
9	3	1	6	8	4	7	5	2
6	1	4	2	7	5	9	3	8
7	6	8	4	9	3	2	1	5
5	8	7	9	2	6	3	4	1
1	2	9	3	5	7	6	8	4

Answer 120

3	8	7	9	2	4	6	1	5
5	4	6	3	1	8	2	9	7
1	5	2	6	3	7	4	8	9
6	3	5	4	9	2	1	7	8
2	1	8	5	7	3	9	6	4
9	7	4	8	5	6	3	2	1
7	9	3	1	6	5	8	4	2
8	2	9	7	4	1	5	3	6
4	6	1	2	8	9	7	5	3

Answer 121

4	2	8	9	1	7	6	5	3
3	4	5	8	2	6	9	7	1
1	6	9	3	5	4	2	8	7
6	3	7	2	9	5	4	1	8
7	1	2	4	8	9	3	6	5
2	8	1	6	7	3	5	9	4
8	5	3	1	6	2	7	4	9
5	9	4	7	3	8	1	2	6
9	7	6	5	4	1	8	3	2

Answer 122

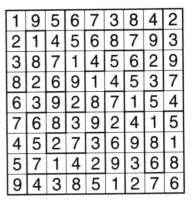

1	9	5	6	7	3	8	4	2
2	1	4	5	6	8	7	9	3
3	8	7	1	4	5	6	2	9
8	2	6	9	1	4	5	3	7
6	3	9	2	8	7	1	5	4
7	6	8	3	9	2	4	1	5
4	5	2	7	3	6	9	8	1
5	7	1	4	2	9	3	6	8
9	4	3	8	5	1	2	7	6

Answer 123

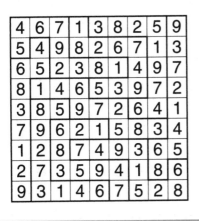

4	6	7	1	3	8	2	5	9
5	4	9	8	2	6	7	1	3
6	5	2	3	8	1	4	9	7
8	1	4	6	5	3	9	7	2
3	8	5	9	7	2	6	4	1
7	9	6	2	1	5	8	3	4
1	2	8	7	4	9	3	6	5
2	7	3	5	9	4	1	8	6
9	3	1	4	6	7	5	2	8

Answer 124

7	9	2	1	6	4	8	5	3
1	5	6	8	4	2	9	3	7
6	7	3	5	8	9	2	1	4
9	4	5	2	7	3	1	6	8
2	3	8	9	1	7	5	4	6
4	2	1	7	9	6	3	8	5
3	1	7	4	5	8	6	2	9
5	8	9	6	3	1	4	7	2
8	6	4	3	2	5	7	9	1

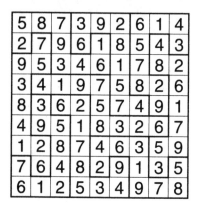

5	8	7	3	9	2	6	1	4
2	7	9	6	1	8	5	4	3
9	5	3	4	6	1	7	8	2
3	4	1	9	7	5	8	2	6
8	3	6	2	5	7	4	9	1
4	9	5	1	8	3	2	6	7
1	2	8	7	4	6	3	5	9
7	6	4	8	2	9	1	3	5
6	1	2	5	3	4	9	7	8

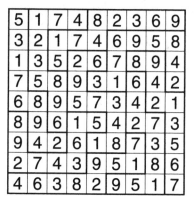

5	1	7	4	8	2	3	6	9
3	2	1	7	4	6	9	5	8
1	3	5	2	6	7	8	9	4
7	5	8	9	3	1	6	4	2
6	8	9	5	7	3	4	2	1
8	9	6	1	5	4	2	7	3
9	4	2	6	1	8	7	3	5
2	7	4	3	9	5	1	8	6
4	6	3	8	2	9	5	1	7

4	3	8	2	7	1	9	5	6
2	1	7	5	9	4	3	6	8
8	4	5	1	6	9	2	7	3
3	9	6	4	5	8	7	1	2
7	8	1	9	2	3	6	4	5
9	5	2	6	1	7	8	3	4
5	2	9	7	3	6	4	8	1
1	6	4	3	8	2	5	9	7
6	7	3	8	4	5	1	2	9

8	5	3	4	9	7	1	2	6
1	8	5	3	7	6	2	9	4
6	1	4	8	2	3	5	7	9
2	9	7	5	1	8	4	6	3
7	2	9	6	4	1	3	5	8
9	4	1	7	6	2	8	3	5
4	3	2	9	8	5	6	1	7
5	7	6	2	3	4	9	8	1
3	6	8	1	5	9	7	4	2

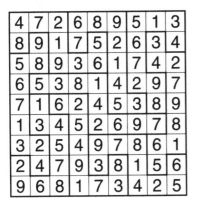

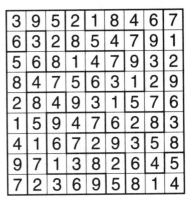

Answer 131

6	3	9	7	4	8	2	5	1
2	4	7	3	5	1	8	6	9
5	9	1	4	8	3	6	2	7
8	1	5	2	6	9	4	7	3
3	6	8	1	7	2	5	9	4
4	7	3	9	2	5	1	8	6
7	5	4	8	3	6	9	1	2
9	8	2	6	1	4	7	3	5
1	2	6	5	9	7	3	4	8

Answer 132

8	4	9	5	1	7	3	2	6
1	3	4	9	5	2	7	6	8
5	2	3	7	6	9	1	8	4
2	8	1	6	7	3	5	4	9
4	7	5	8	2	6	9	1	3
3	5	6	1	4	8	2	9	7
7	6	8	3	9	1	4	5	2
6	9	2	4	3	5	8	7	1
9	1	7	2	8	4	6	3	5

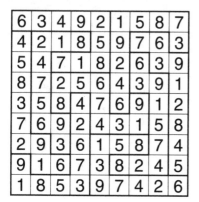

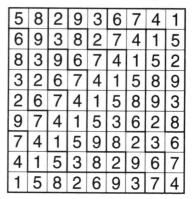

6	3	4	9	2	1	5	8	7
4	2	1	8	5	9	7	6	3
5	4	7	1	8	2	6	3	9
8	7	2	5	6	4	3	9	1
3	5	8	4	7	6	9	1	2
7	6	9	2	4	3	1	5	8
2	9	3	6	1	5	8	7	4
9	1	6	7	3	8	2	4	5
1	8	5	3	9	7	4	2	6

5	8	2	9	3	6	7	4	1
6	9	3	8	2	7	4	1	5
8	3	9	6	7	4	1	5	2
3	2	6	7	4	1	5	8	9
2	6	7	4	1	5	8	9	3
9	7	4	1	5	3	6	2	8
7	4	1	5	9	8	2	3	6
4	1	5	3	8	2	9	6	7
1	5	8	2	6	9	3	7	4

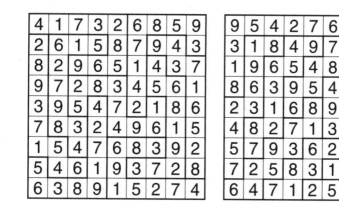

4	1	7	3	2	6	8	5	9
2	6	1	5	8	7	9	4	3
8	2	9	6	5	1	4	3	7
9	7	2	8	3	4	5	6	1
3	9	5	4	7	2	1	8	6
7	8	3	2	4	9	6	1	5
1	5	4	7	6	8	3	9	2
5	4	6	1	9	3	7	2	8
6	3	8	9	1	5	2	7	4

9	5	4	2	7	6	3	1	8
3	1	8	4	9	7	2	6	5
1	9	6	5	4	8	7	2	3
8	6	3	9	5	4	1	7	2
2	3	1	6	8	9	5	4	7
4	8	2	7	1	3	9	5	6
5	7	9	3	6	2	4	8	1
7	2	5	8	3	1	6	9	4
6	4	7	1	2	5	8	3	9

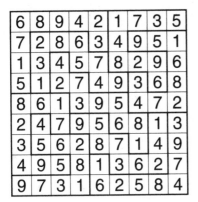

6	8	9	4	2	1	7	3	5
7	2	8	6	3	4	9	5	1
1	3	4	5	7	8	2	9	6
5	1	2	7	4	9	3	6	8
8	6	1	3	9	5	4	7	2
2	4	7	9	5	6	8	1	3
3	5	6	2	8	7	1	4	9
4	9	5	8	1	3	6	2	7
9	7	3	1	6	2	5	8	4

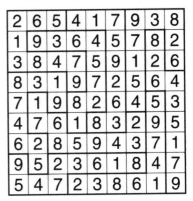

2	6	5	4	1	7	9	3	8
1	9	3	6	4	5	7	8	2
3	8	4	7	5	9	1	2	6
8	3	1	9	7	2	5	6	4
7	1	9	8	2	6	4	5	3
4	7	6	1	8	3	2	9	5
6	2	8	5	9	4	3	7	1
9	5	2	3	6	1	8	4	7
5	4	7	2	3	8	6	1	9

2	3	7	6	4	8	9	5	1
6	2	4	9	5	3	8	1	7
4	6	8	1	9	5	7	2	3
5	9	3	8	2	1	4	7	6
8	7	9	4	1	2	6	3	5
9	4	1	3	8	7	5	6	2
1	8	2	5	7	6	3	9	4
3	1	5	7	6	4	2	8	9
7	5	6	2	3	9	1	4	8

6	9	4	1	5	7	2	3	8
7	1	6	5	3	9	4	8	2
8	2	3	4	7	6	5	1	9
2	8	5	7	9	3	1	4	6
1	6	8	9	4	2	3	5	7
9	5	2	3	8	1	6	7	4
4	7	9	6	1	5	8	2	3
5	3	7	8	2	4	9	6	1
3	4	1	2	6	8	7	9	5

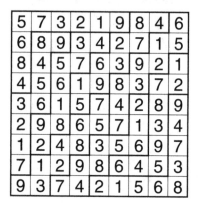

Answer 141

5	7	3	2	1	9	8	4	6
6	8	9	3	4	2	7	1	5
8	4	5	7	6	3	9	2	1
4	5	6	1	9	8	3	7	2
3	6	1	5	7	4	2	8	9
2	9	8	6	5	7	1	3	4
1	2	4	8	3	5	6	9	7
7	1	2	9	8	6	4	5	3
9	3	7	4	2	1	5	6	8

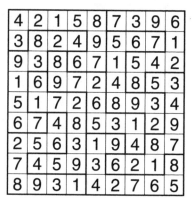

Answer 142

4	2	1	5	8	7	3	9	6
3	8	2	4	9	5	6	7	1
9	3	8	6	7	1	5	4	2
1	6	9	7	2	4	8	5	3
5	1	7	2	6	8	9	3	4
6	7	4	8	5	3	1	2	9
2	5	6	3	1	9	4	8	7
7	4	5	9	3	6	2	1	8
8	9	3	1	4	2	7	6	5

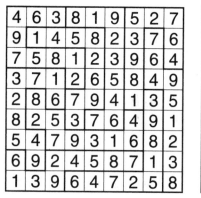

Answer 143

4	6	3	8	1	9	5	2	7
9	1	4	5	8	2	3	7	6
7	5	8	1	2	3	9	6	4
3	7	1	2	6	5	8	4	9
2	8	6	7	9	4	1	3	5
8	2	5	3	7	6	4	9	1
5	4	7	9	3	1	6	8	2
6	9	2	4	5	8	7	1	3
1	3	9	6	4	7	2	5	8

Answer 144

6	4	2	7	8	5	3	9	1
7	5	9	6	4	3	2	1	8
5	3	1	2	9	6	4	8	7
3	7	8	4	2	1	6	5	9
9	6	4	1	3	8	7	2	5
1	9	3	8	7	2	5	4	6
4	8	5	9	6	7	1	3	2
8	2	7	5	1	4	9	6	3
2	1	6	3	5	9	8	7	4

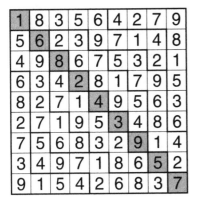

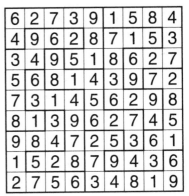

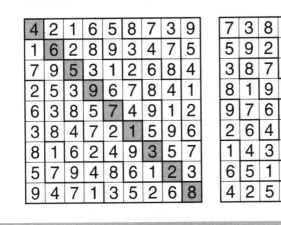

Snakes on a Sudoku © **217**

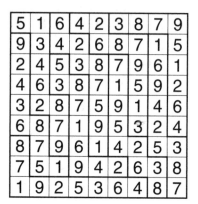

Answer 149

5	1	6	4	2	3	8	7	9
9	3	4	2	6	8	7	1	5
2	4	5	3	8	7	9	6	1
4	6	3	8	7	1	5	9	2
3	2	8	7	5	9	1	4	6
6	8	7	1	9	5	3	2	4
8	7	9	6	1	4	2	5	3
7	5	1	9	4	2	6	3	8
1	9	2	5	3	6	4	8	7

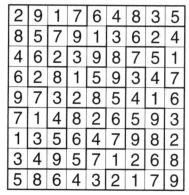

Answer 150

2	9	1	7	6	4	8	3	5
8	5	7	9	1	3	6	2	4
4	6	2	3	9	8	7	5	1
6	2	8	1	5	9	3	4	7
9	7	3	2	8	5	4	1	6
7	1	4	8	2	6	5	9	3
1	3	5	6	4	7	9	8	2
3	4	9	5	7	1	2	6	8
5	8	6	4	3	2	1	7	9

Answer 151

1	3	6	4	8	2	9	5	7
2	4	8	1	6	9	5	7	3
6	2	1	7	9	5	3	8	4
4	8	2	9	5	7	1	3	6
8	6	9	5	2	3	7	4	1
7	9	5	3	4	1	2	6	8
9	5	7	8	3	6	4	1	2
5	1	3	6	7	4	8	2	9
3	7	4	2	1	8	6	9	5

Answer 152

1	9	5	4	8	7	6	3	2
8	2	9	5	3	6	7	4	1
6	1	2	9	4	3	8	7	5
3	4	7	8	5	2	1	6	9
7	6	1	2	9	5	3	8	4
4	3	6	7	1	9	2	5	8
5	7	4	6	2	8	9	1	3
2	5	8	3	6	1	4	9	7
9	8	3	1	7	4	5	2	6

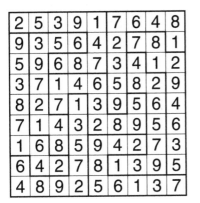

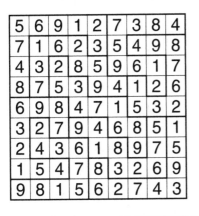

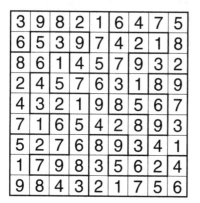

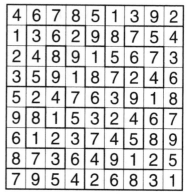

3	9	8	2	1	6	4	7	5
6	5	3	9	7	4	2	1	8
8	6	1	4	5	7	9	3	2
2	4	5	7	6	3	1	8	9
4	3	2	1	9	8	5	6	7
7	1	6	5	4	2	8	9	3
5	2	7	6	8	9	3	4	1
1	7	9	8	3	5	6	2	4
9	8	4	3	2	1	7	5	6

4	6	7	8	5	1	3	9	2
1	3	6	2	9	8	7	5	4
2	4	8	9	1	5	6	7	3
3	5	9	1	8	7	2	4	6
5	2	4	7	6	3	9	1	8
9	8	1	5	3	2	4	6	7
6	1	2	3	7	4	5	8	9
8	7	3	6	4	9	1	2	5
7	9	5	4	2	6	8	3	1

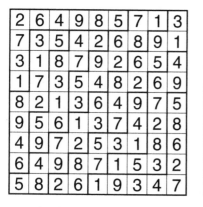

2	6	4	9	8	5	7	1	3
7	3	5	4	2	6	8	9	1
3	1	8	7	9	2	6	5	4
1	7	3	5	4	8	2	6	9
8	2	1	3	6	4	9	7	5
9	5	6	1	3	7	4	2	8
4	9	7	2	5	3	1	8	6
6	4	9	8	7	1	5	3	2
5	8	2	6	1	9	3	4	7

5	8	6	9	2	7	1	3	4
6	4	9	1	7	5	3	2	8
8	1	4	7	5	3	9	6	2
3	7	2	4	8	6	5	1	9
2	3	1	8	4	9	7	5	6
7	6	3	2	1	8	4	9	5
9	2	7	5	3	4	6	8	1
1	9	5	3	6	2	8	4	7
4	5	8	6	9	1	2	7	3

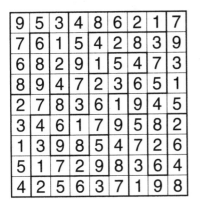

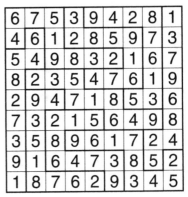

4	8	7	1	6	5	3	9	2
3	2	9	7	8	4	1	6	5
2	6	5	3	7	8	9	4	1
9	3	6	5	2	1	8	7	4
1	4	2	6	3	7	5	8	9
8	1	4	2	9	3	7	5	6
5	9	8	4	1	6	2	3	7
7	5	1	8	4	9	6	2	3
6	7	3	9	5	2	4	1	8

6	5	2	3	4	7	8	1	9
3	6	4	9	5	8	1	2	7
2	3	7	8	1	9	4	5	6
5	8	1	4	2	6	7	9	3
4	2	8	7	9	5	6	3	1
7	4	9	1	8	2	3	6	5
8	7	5	6	3	1	9	4	2
1	9	6	2	7	3	5	8	4
9	1	3	5	6	4	2	7	8

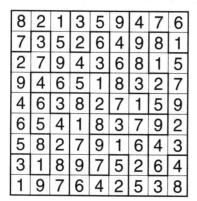

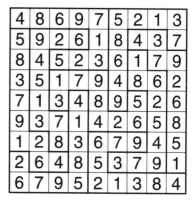

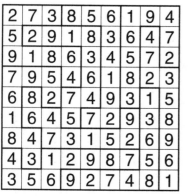

9	3	5	4	8	7	2	6	1
2	7	6	1	3	9	4	8	5
1	4	3	2	7	6	8	5	9
3	5	7	8	9	1	6	2	4
4	9	8	3	5	2	7	1	6
7	8	4	9	6	5	1	3	2
5	2	1	6	4	8	3	9	7
8	6	2	5	1	4	9	7	3
6	1	9	7	2	3	5	4	8

6	1	4	7	2	9	3	8	5
5	3	7	6	4	1	9	2	8
2	5	1	9	6	3	8	7	4
3	9	8	1	5	6	2	4	7
1	7	6	8	3	2	4	5	9
7	8	2	3	1	4	5	9	6
8	4	9	2	7	5	6	1	3
9	6	5	4	8	7	1	3	2
4	2	3	5	9	8	7	6	1

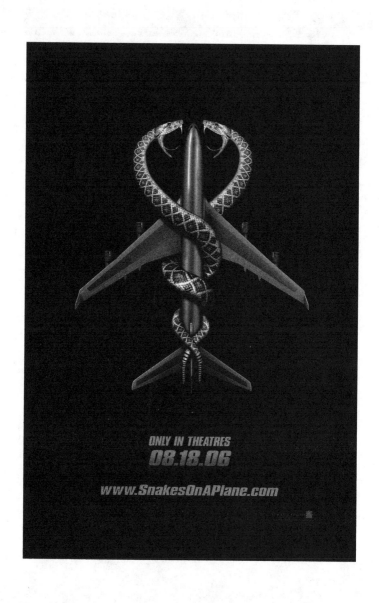

ONLY IN THEATRES
08.18.06

www.SnakesOnAPlane.com